世界で一番やさしい

考え方の教科書

榊巻 亮

日経BP

はじめに

「考え方」は誰も教えてくれない。

――この件、明日までに考えておいて

――もっとよく考えてほしい

ビジネスの現場で聞く、ごくありふれたセリフだ。誰も疑問に思うことなく、素直に受け止めるだろう。しかし、ふと立ち止まってほしい。

「よく考える」とは一体、何をどうすることなのだろうか？
どうしたら「考えた」ことになるのだろうか？

現代のビジネスパーソンは、考えるのが仕事だと言っても過言ではない。にもかかわらず、肝心の「考え方」は誰も教えてくれないのだ。

考える力が仕事の質を上げる

鈴川葵《すずかわあおい》が活躍する『世界で一番やさしい○○の教科書』シリーズは、本書で3冊目になる。これまでの2冊では、多くの会社でグダグダになっている会議と資料作りをテーマにしてきた。我々がビジネスの現場でしていることを、「基本動作」として徹底的に言語化して解説した。

会議の基本動作がしっかりできると、滞りなくスムーズに運営されるようになる。そうなると次は運営ではなく、参加者の「発言の質」が気になってくる。発言の質が会議の質に直結するようになるからだ。

資料作りの基本動作ができると、「伝え方」で悩むことはなくなる。そうなると次は、「何を」伝えるべきかという、より本質的な悩みが出てくる。

会議や資料作りの基本動作が身に付くと、次第に仕事のボトルネックは「中身」に移っていく。そして、中身の質を上げるには「考える力」が必要不可欠になる。

考える力がないと、会議の中で何を発言すべきか判断できない。本質を突く発言ができれば会議がグッと進むわけだが、「本質を突く発言」が何なのか、探してみてもどこにも書かれていないし、誰も教えてくれない。自分で生み出すしかないのだ。

資料も全く同じ。「ここで何を伝えるべきか」なんて、どこにも書かれていない。誰も教えてくれない。自分で考えるしかないのである。

どのように考えたらよいか?

世の中には、考えるための「ツール」が無数に転がっている。ロジックツリーやMECE(漏れなくダブりなくという概念)、マインドマップなど、思考のフレームワークはコンサルタントのいろはのように取り上げられる。

ところがコンサルタントである私自身は、この手のツールを使って考えることがほとんどない。考えた結果をロジックツリーの形に整えて説明したり、フレームワークに落として相手が理解しやすいようにしたりはするが、考える作業そのものにはほとんど使っていないのだ。考えるツールではなく、「仕上げのツール」と捉えている。

本来、「考える」という動作は、誰でも自然にしていることであり、そのときにいちいちツールを持ち出して考えてはいないはずだ。本書で目指したのは、誰も見たことがない全く新しい思考ツールの紹介ではなく、考える力のある人が自然にしている「考え方」を言語化して再現性を高めることである。

そのため、本書で紹介する内容は既視感があるものが多いかもしれない。知っていることも多いと思う。しかし、感覚で捉えていることを「体系化」「言語化」して捉え直すことには極めて大きな価値がある。なぜなら、再現性が高まって考える力が向上するだけでなく、人に考え方を教えられるようになるからだ。

物語で伝える意味

とはいえ、「考える力に問題がある」と自覚している人は非常にまれである。大抵の人が「自分は十分に考えられている」と思っている。

だからこそ、本書はビジネス小説の形式で伝えるのが重要だと考えた。物語に身を投じて、「あなた自身の考え」と「主人公（葵）の考え」を比較してほしい。自分自身を投影しながら読むことで、自身の過不足を自覚できるように工夫したつもりだ。「このシーンを自分だったら、どう考えるか?」。そんなふうに読んでもらいたい。

内容は地味でも、ビジネスパーソンにとって決定的に重要なことを記したつもりである。あとは試行錯誤しながら自分なりのやり方を見付け、癖づけしてほしい。

一度きちんと癖がつけば、それは大きな違いになる。考える力は、人にとって最大の武器なのだから。

目次

第1章 プロローグ

鈴川葵は恨めしそうに、抜けるような青空を見上げた。東京・飯田橋のオフィスビル二十四階の会議室から見える空は、今日も気持ちがいい五月の晴天だった。これほど天気がいいと、自分はなぜビルに閉じこもっているのだろうという気がしてくる。

社会人として企業勤めを始めて八年目になる葵はすっかり、会社を支える中堅社員になっていた。四年前に結婚して子供も生まれ、昨年仕事に復帰したところだ。それ以来、忙しさが日に日に増している気がする。短い時間の中で集中して働かなければいけないし、色々なテーマに関わるので頭の切り替えが大変だ。

（今日の天気みたいに、何事も気持ちよく進んでくれるといいんだけどな…）

葵はテーブルに視線を戻すと、心の中で小さくため息をついた。殺風景な会議室に意識が戻される。一枚のガラス窓を隔てて、これほど対照的な世界が広がっているなんて、複雑な気持ちになる。

プロジェクトリーダーの西山課長が会議室のモニターに映した資料を使って話を進めていた。

しかし先ほどから、どうにもどんよりした空気が漂っている。外の晴れ間とは正反対に。

「〜という感じだ。ここまでの話、どう思う？　土屋？」と、西山が部下の土屋に意見を求めた。土屋は葵の三年後輩である。新入社員のときから何かと接点が多い後輩だが、最近は営業から葵の部署に異動になり、毎日顔を合わせている。

土屋が同期入社の若手と比べていまひとつパッとしないので、葵の部署で鍛え直してほしいという期待を含んだ異動らしい。まあ現実は、そんなに簡単にはいかないのだが。

「え？　僕ですか？　えー、そうですね。まあ、いいと思います…」。土屋が細い目をさらに細めて、当たり障りのない返事を西山に返す。

「いや、もうちょっと何かないかな？」。西山は眉をひそめて、もう一度土屋に水を向ける。

「えっと…、いや、ないです！」

西山の説明が悪いわけでも、土屋が話を聞いていないわけでもない。だが新しいものが生まれている気が全くしない。西山が話し、土屋が聞いて、それでおしまい。まるで、1＋1が〇・五になっているような減衰していく感覚だ。

本来なら、思考が思考を呼び、アイデアがどんどん生まれてくるような議論ができると気持ちいいのだが。現実はそうならない。

「うーん。本当はもう少し意見をもらいたいんだが。仕方ない、これで進めるか…」

西山と葵、そして土屋の三人は、営業業務改革プロジェクトに取り組んでいた。今日はその定例会議だ。

葵が勤めるＮＮＰ（日本ネットワークパートナーズ）はここ数年、業績が好調で事業規模が急拡大していた。それに合わせて、営業改革の必要性が増してきた。

個人が気合いと根性で売り上げをつくるのではなく、チームで営業をするスタイルに移行したいのだ。しかし、長年染み付いた習慣はなかなか変えられないもの。西山たちは苦労しながら、プロジェクトを進めていた。

「じゃあ、時間もないし、最後の話題に移ろうか。『請求書の標準化』だね」。西山が次の議題に話を振った。

これは葵が担当している施策だ。営業から顧客に送る請求書があるが、NNPではその書式がバラバラな状態だった。エクセルもあれば、ワードもあるし、手書きもあるといった具合だ。

これらの請求書をNNPの標準フォーマットに統一しようという、割とシンプルな施策である。フォーマットを標準化するだけで請求書の作成は格段に楽になるし、ミスも減る。フォーマットがそろっていれば、システムで自動化するのも簡単だ。そこまで一気に進めてしまおうというもくろみである。

葵は姿勢を正し、西山から議論を引き取る。「施策の概要は、事前にメールでお知らせした通りです。ここでは営業の意見を聞きたいと思いまして」

今日はいつものメンバーだけでなく、営業にも会議に参加してもらっていた。

「メールは見たよ」。営業の柏が口火を切る。ノリは軽いが、昔から葵と関わりがある営業のエースだ。

「どうですか?」。葵が心配そうに尋ねる。

「うーん、正直に言うと、この施策は違和感があるんだよね。事前にしっかり検討しておかないと、大変なことになる気がしていて」。柏が言い放つ。

(うっ、柏さん、そう来たか…。反対かあ、それは困ったな…)

柏の発言で、葵の表情が曇る。営業の感触が悪いと、軌道修正を迫られることになる。慌てて考えを巡らせる。

(標準化というありがちな施策だし、どう考えても効果が出るのに。なんでだろう…)。焦りからか、急激に体温が上っていくのが分かる。もう一度、柏の顔を見る。

(説明が足りていないのかも。メールを送っただけだし。ちゃんと口頭で説明すればよかったかな…)

「柏さん、施策に反対なのは分かりました。でももう一度、施策の意義を説明させてもらえませんか？」。葵の受け応えに、今度は柏の表情が厳しくなった。

「おいおい、なんでそうなるの？　反対なんて言ってないじゃん。それに、施策の意義は説明されなくても分かっているよ」

「え？　そうなんですか？」

「施策自体は悪くない。標準化できたら成果も出ると思うし」

「え？　だったら多少強引にでも進められませんか？」

「いや、そういうところが問題なんだよ」。葵の言葉を半ば遮るように、柏が低い声で言った。

「請求書のフォーマットをわざわざ指定してくるお客さんだっているんだ。鈴川さん、そういうお客さんのことまで、ちゃんと考えているの？」

（うっ…）。葵は言葉に詰まった。

「営業がお客さんに交渉する負荷もバカにならない。このまま進めたら、営業からじゃんじゃん問い合わせがくるか、お客さんからクレームが来るか、どっちにしても現場は混乱するだろうな。先々までしっかり考えてくれないと」

普段はチャラチャラした雰囲気の柏が、いつになく緊迫したトーンで畳みかけてくる。先ほどまでとは、会議室の空気が一変している。

「すみません」。小さくなる葵を見て、西山が慌ててフォローを入れる。

「まあ、そういうことを確認する場なんだから、いいじゃないか。だとしたら、柏君。請求書を指定してくる顧客って、どのくらいいるのかな？」

「実は、あまり分かっていないんです。その調査からしたほうがいいと思います」

「そうか、一度調べてみるか」。西山はさっきから黙っている土屋に目を向け、「土屋、この調査できるか？」と話を振った。

「え、えっと、どうでしょう？」。土屋はイエスともノーとも取れない挙動を見せる。

「どっちなんだ？」。西山が改めて尋ねる。

「やったことないですし…」。土屋は煮えきらない態度を崩さない。

（やったことがなくても、考えてやるのが仕事でしょ…。ホントにアタマを使わないんだから。もうちょっとしっかり考えなさいよね…）

葵も柏に「しっかり考えてくれ」と言われたばかりだが、土屋のような思考停止状態の後輩を見ていると、イライラしてしまう。

土屋は「そうですよね。うーん、何から始めたらいいのか、やったことがないしな…」と、口の中でもごもご独り言を言っている。そして眉間にシワを寄せたまま、「指示待ち」の状態に入ってしまった。フリーズしたパソコンのようだ。思考中と見せかけて、頭のプロセサーは完全に停止している。

こうなると、西山としても土屋に仕事を任せようがない。「やれやれ、じゃあ僕がやるから。鈴川さん、少し手伝ってくれる?」

「分かりました…。これで今日の議題は終わりですかね。最後に決まったことを確認しておきましょう」

こうして会議は終わった。一応、決めるべきことは決まった。しかし、なんともスッキリしない。無駄な議論をしているわけではなく、やることは決まるのだが、どうにも手応えが薄い。というか、葵と土屋は実質的に、会議の役に立てていない。

「いやあ、結局課長にやらせることになっちゃいましたね」。土屋がホワイトボードの文字を消しながら、のんきに言った。

「なっちゃいましたね、じゃないわよ。ホントにどうかと思うけど…」。自分自身も不甲斐ないが、土屋はもっと酷い気がした。耐えかねた葵が土屋を問い正す。

「土屋君さ、ちゃんと考えている？」

「え？　考えていますよ！」

「ホント？　何を聞かれても『そうですね』だけじゃない？　ちゃんと考えて質問するとか、自分の意見をぶつけるとかないの？」

「いやだって、質問が思い浮かばないというか、疑問がないんですもん…」

「質問がないのは、ちゃんと考えていないからじゃない？」

「そう言われちゃうと、そうかもしれませんが…。でも僕なりに、考えているつもりなんですけどね」。土屋はゲジゲジの眉毛をハの字に寄せてみせる。

「いやいや、『つもり』じゃダメなのよ」。葵はなんとか苛立ちを抑えながら言った。土屋は考える気があるのだろうか？

（もっと自分の考えを深めてほしいのに）。そう思ってしまうが、葵も人のことを言える状態ではない。

「すみません。でも考えるって、難しいですよね…」。土屋は口をとがらせながら言った。「どうしたらうまく考えられるんですかね」

「何言ってるの！　それを考えるのも、あなたの仕事よ。しっかりしてよ、まったく！」。苛立ちを抑える努力も虚しく、思わず感情が表に出てしまった。葵は静かにため息を付きながら、土屋を残して会議室を後にした。

（はあ、しっかりしてよね）。そう思いつつも、葵の頭の中では、土屋からの問いかけが反響していた。

――どうしたらうまく考えられるようになるんですかね？

改めて問われると、難しい質問だった。（どうしたらって、私が聞きたいわよ）。葵は土屋の言葉を振り払うと、そのまま営業のフロアに足を向けた。

――翌日の午後。葵は実家に帰っていた。一歳半になる息子の俊介を連れて。

育休から復帰したばかりの身としては、実家が近くにあるのは本当に助かる。普段は雑然としている実家も、この日ばかりは小物が徹底的に片付けられ、幼児の誤飲対策は万全だ。角という角にはタオルが巻かれ、怪我対策も完璧だった。

「おー、かわいいなあ。目元なんか、どんどん俺に似てくるよ！」。受け入れ態勢が万全の実家で、目尻を下げまくっているのは葵の父、義経だ。

「はい、はい。あんまりベタベタすると、俊介に嫌がられるわよ」

孫にべったりな父だが、鈴川義経といえば、知る人ぞ知る有名なコンサルタント、らしい。普段は企業の業務改革などを支援しているが、葵にとっては「仕事のコツを教えてくれる一番身近な先生」である。

六年ほど前には、「会議ファシリテーションの8つの基本動作」を教えてくれた。四年前には「資料作りの7つのＳｔｅｐ」「コミュニケーションの3大お作法」なども教わった。事あるごとに、仕事の基礎をアドバイスしてくれる。ここぞというタイミングでいいことを教えてくれる、葵にとっては便利な存在である。

教えてもらったことを素直に実践すると、不思議なくらい仕事がうまく回り出す。実際、会議も資料作りも目に見えて良くなった。そのたびに、父の教えはすごいなと感心している。しかし…。

「嫌じゃないよなあ？　お、最近また少し大きくなったんじゃないか？」。孫にデレデレな父の姿を見ていると、本当にこの人に教えてもらったんだっけと疑問に思えてくる。

「仕事の話をするときはすごいんだけど、今は全くの別人ね」。葵がぼそっとつぶやく。

「仕事と俊介を一緒にするなよ」。孫との戯れが一段落したのか、父がダイニングテーブルに戻ってきた。

「それにしても、孫はめちゃくちゃかわいいな！　手がかかって大変な時期だろうから、どんどんウチに連れてきていいぞ」

小さな息子を抱えて職場復帰するのは、とても大変だ。親の援助は素直にありがたい。

「でも、お父さん。少しは娘にも興味を持ったら？」。母が隣でニコニコしながら言った。

「確かになあ。最近、仕事はどうなんだ？　復帰後は順調か？」。父は氷が溶けかかっているアイスコーヒーを一口飲んだ。

「うーん、やっぱり子育てと仕事を両立するのは大変だけど…。会社で自分の時間が持てるのはうれしいかな。息抜きになるっていうか。普段は俊介にかかりっきりだから」

「そういうもんか。じゃあ、仕事は楽しいわけだ。いいじゃないか」。父はのんきに言うが、子育てしながら働くのは、そんなにたやすいことではない。

「復帰して、ようやく仕事のペースはつかめてきたけど。楽しいかって言われると、どうかな…」。最近の仕事を振り返ると、土屋の暗い声が頭の中でこだまする。

――どうしたらうまく考えられるようになるんですかね？

父との話のネタにはなるかもしれない。葵は先日の会議のやり取りや土屋の思考力のなさに困っていることを話してみた。

「ホントなんなのかな。考える力がないっていうか」

「よくある話だ。よく言えば手応えがない、悪く言えば脳が止まっている。そんな感じだろ?」

「それそれ、どっちもダメだけど…。でも、そうなのよ! 会社でロジカルシンキングの研修とかあるし、受けてもらおうかな」

父はなんとも言えない顔をして、「まあ、たぶん、全然効果はないだろうな」と言った。

「えっ? なんで? 論理的思考なんて王道中の王道でしょ? お父さんの得意分野じゃない?」

「そうだな、確かに苦手ではないよ。父さんも本を読んだり、研修を受けたり、色々したもんだ」

「えー! じゃあ、どうして意味がないのよ?」

父は昔から、ものの見方が少し変わっている。以前、資料作りの方法を教えてもらったときも、「図表や色使いはどうでもいい」といきなり言い出して、驚いた。そして今回は、ロジカルシンキングなんてどうでもいいと言い出しそうな勢いである。

「意味がないわけじゃない。もちろん、大事だよ。だけどな、ロジカルシンキングでカバーできるのは、思考のごく一部なんだよ」

「一部…？」

「そう、一部。思考はもっと総合的なものなんだ。ロジカルシンキングだけ学ぶのは、サッカー少年がフリーキックの練習だけするようなものかな。全体像を押さえずに、一部の能力だけ鍛えても、うまくならないだろ？」。父はおかしそうに笑っているが、葵はまだ訳が分からない。

「思考の全体像って何？」。葵は身を乗り出して、父に迫る。

「うーん、今日は思いっきり俊介と遊びたいんだが、ちょっとだけだぞ」。そう言うと、父はどこからともなくノートを取り出した。葵は父のノートに何度も助けられてきた。

「思考は、思考だけで完結しないんだよ。前後に『認知』と『行動』が伴って、グルグルと循環しているんだ。こんなイメージだな」。そう言いながら、父は三つの箱を書き始めた。

考え方の循環サイクル

葵は父の手元をのぞき込んで、目を丸くした。一見、思考とは関係なさそうに見える言葉が書き込まれている。

「えっ、行動とか、思考とは全然関係ないんじゃない？　思考っていったら、真ん中の箱を指す気がしちゃうけど…」

「そうだよな。ほとんどの人が、思考を断片的にしか捉えていない証拠だ。でも、そこが問題なんだよ。説明するぞ」。父が人差し指を立てた。

「葵が言う通り、分かりやすいのは真ん中の思考の箱だよな」。ノートには「思考する」という箱の隣に、「考えるための道筋を付ける」「理路整然と考える」「考えを深める」と書いてある。

「ここの『理路整然と考える』がロジカルシンキングに相当する。これができれば、自分の考え方を順を追って説明できるだろう。なぜそう考えたのか、語れるようになる」

葵は土屋とのやり取りを思い返していた。「どうして、そう考えたの？」と尋ねると、「なんとなく」と返してくるのが土屋だ。思考力などまるでないように思える。

「でもそれだけじゃダメなんだ。『理路整然と考える』には、その手前で『考えるための道筋を付ける』必要がある。さらに『考えを深める』作業も重要だ。この三つがそろってはじめて、

■考え方の循環サイクル

3つの要素を回すことで思考力が発揮される

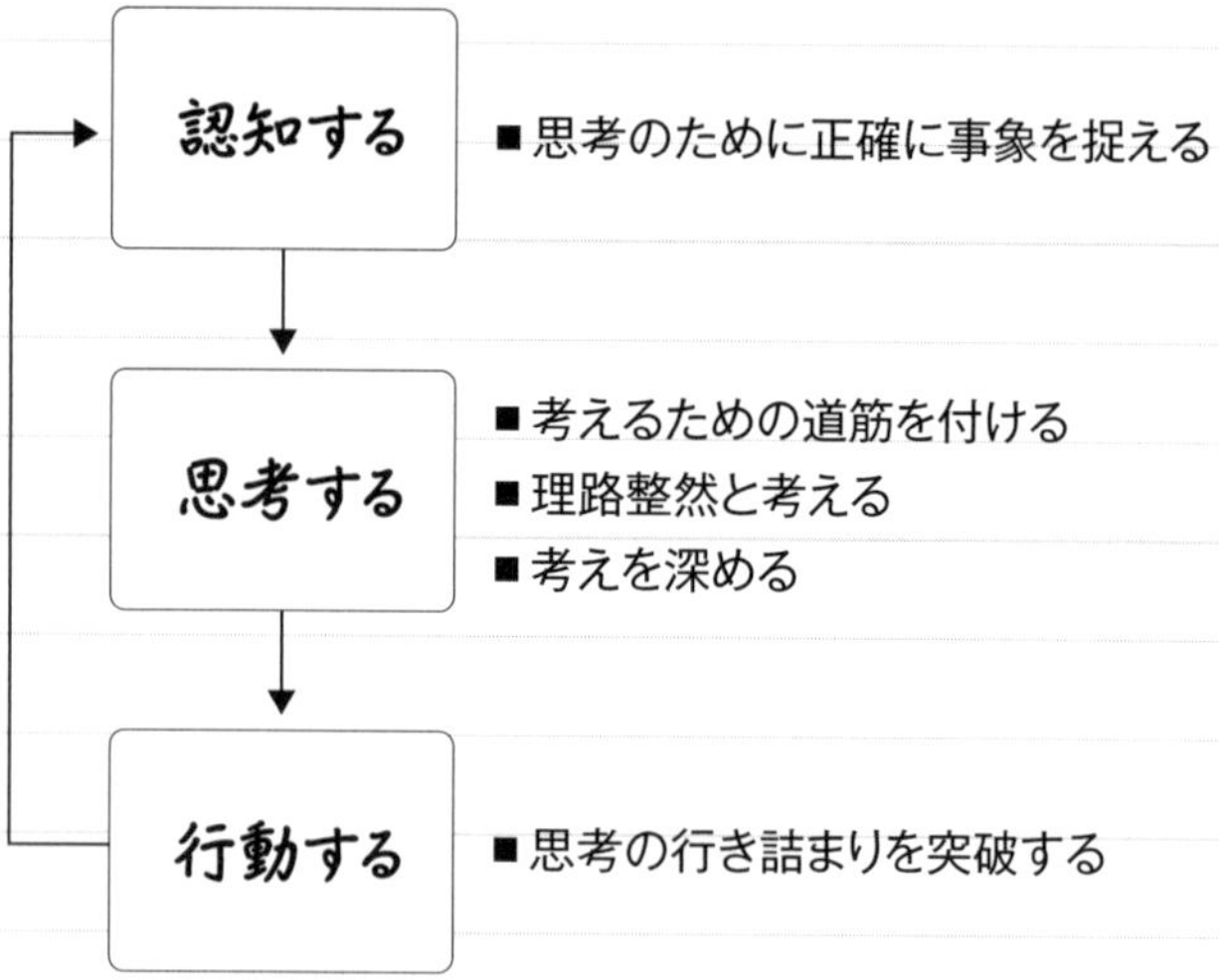

思考の箱になる」。思考の箱だけで三つもポイントが出てきた。どうやら奥が深そうだが、他にまだ二つ箱がある。

「次は、認知の箱だ。思考するには材料が要る。それが認知だ。事象や見聞きしたことを正確に捉えて、思考のインプットにするわけだ。インプットが間違っていたら、まともな思考はできないだろ。的確な認知がいい思考の前提になる」

「確かに！」。葵は柏が言っていることを正しくくみ取れていなかったことを思い出した。

――なんでそうなるの？　反対なんて言ってないじゃん。

柏の声が頭に響く。サッと本質を捉えて、意図を正確にくみ取れるようになれば、自然に思考力は上がるということか。思考の前に認知が大事という話は、説得力がある気がした。ここまでは理解できる。

しかし、最後の行動の箱は全く分からない。行動は思考と関係あるのだろうか？

「最後は行動の箱だな。認知と思考、この二つを押さえるだけでもかなり良くなる。だけど、思考はすぐに行き詰まってしまうんだ。そのまま放置すると、何時間もウンウンとうなっているだけで、思考が全然前に進まないという状態に陥ってしまう」

身に覚えがあった。考えても考えても、いい答えが出ない。気が付くとあっと言う間に、時間だけが過ぎていて焦る。そんなことはしょっちゅうだ。

「思考が煮詰まったら、すぐに『行動』するんだ。誰かに相談したり、新たな情報を集めたりすることで、また思考できる状態に戻す」
「そういえば、お父さんって考えるのがめっちゃ速いよね。私は一度考え始めると、ずーっと時間を使っちゃうんだけど…。お父さんは淀みなく考えている感じがするっていうか、停滞していないというか…。考えがどんどん進んでいく感じがする！」
「ははは、いい表現だ。思考は単発の活動ではなく、流れなんだよ。状況を認知し、思考し、そして止まる。それを行動で打破し、また認知に戻ってくる。こうやってテンポよく、考え方の循環サイクルを回していく必要があるんだ」

——流れか…

葵が咀嚼《そしゃく》する時間を確保するかのように、父はアイスコーヒーに手を伸ばし、一息入れた。父のノートにはちょっとした図が書かれているだけなのに、なんだかとても重要な話をしている気がした。

「大事なことだから強調しておくが、ビジネスでは『一発で正解を出す』のは難しい。そうではなく、『認知、思考、行動』のサイクルをグルグル回すことで、段階的に思考の質を上げていくんだ」

葵は父の言葉に衝撃を受けた。考えてみると、学生時代のテストは一発で答えを出す典型例に思えた。よーいドンでテスト用紙と向き合い、考える。答えを書いたら終了だ。しかし、明確な答えがある学校のテストと、現実の世界は全く違う。

「間違えてもいいってこと?」

「間違えるというか、最初に考えて書いた答えは『たぶんこうなんじゃないか?』という仮説なんだよ。考え方の循環サイクルを回すことで、その仮説を段階的に確信に近づけていけばいい」

（段階的に点数を上げていくってこと？　何それ?!）

「正解がない世界では、一発で合格点を取るのは難しい。だから段階的に精度を上げていくしかない。ビジネスでは、それが思考するってことなんだ。ウチの会社では『考え方の循環サイクル』と呼んでいる」


「言われてみれば、そうかもしれないけど…。何、この考え方…！」

「でも、実際にそうだろう？」。確かにそうかもしれない。

「サイクル、そして流れか…」。葵は何度も口の中で反すうしてみた。

「私はきっと、考え方の循環サイクルが回っていないんだ。一人でもんもんと考えてばかりで、話が全然前に進まない」。葵は苦笑いした。


「みんなそんなもんさ。一カ所でも苦手なところがあると、サイクルが止まってしまう。だから強いところではなく、弱いところを自覚して、鍛えていくことが思考力向上の秘訣なんだ」

「そういうことか…。全体を押さえたうえで、それぞれの要素を鍛えないといけないってことね」

葵の言葉に、父は満足そうにうなずいた。

「そうなんだよ。だからロジカルシンキングだけ頑張ってもダメなんだよな。さて、まとめると、こんな感じだ」。父はノートに書き込みを追加した。

こうして思考の全体像を聞かされると、不思議な感じがした。説明されるまでは、思考力といえばロジカルシンキングだと思い込んでいた。

「弱いところか…。私はきっと、行動が弱いんだろうな。じゃあ土屋君は、どこが弱いんだろう？」。葵は土屋の行動を振り返った。強いところが思い浮かばない。

「え？　全部？」

葵が真面目な顔で言っているのを見て、父が大笑いした。「ははは、そりゃ大変だ」

「その場合、どこから鍛えればいいの？」

「そうだなあ。全部弱いなら、まずは『認知』からだな。比較的取り組みやすいし、最初の認知がグダグダだと、その先の思考もグダグダになるからね。うん。やるべきことが分かってよかったな」

満足そうにうなずく父。俊介に視線を移して、またアイスコーヒーを一口飲む。とっくに氷は溶けている。ダイニングに一瞬、沈黙が流れる。


「認知から鍛えればいいんでしょ？　それで続きは？」。葵は興奮気味に質問した。

「え？　もう仕事の話は十分だろ？」。父が慌てて応じる。

「今日は俊介と遊ぶ日だからな。なあ、じいじと遊びたいよな？」


どうやら娘よりも孫優先らしい。しかし俊介は相変わらず、一人でご機嫌に遊んでいるようだ。

「お父さん、今は大丈夫みたいよ。一人で遊んでいるから。その間は娘の力になってあげたら？」。ここで母のナイスフォローだ。

「さすが、お母さん！」。葵はニヤッとした。

「いやいや、この話は本当に難しいんだよ。これをやればOKみたいな、分かりやすい必殺技なんてないからな」。そう言って、まだ逃げの姿勢を崩さない父。

「でもそれをやらないと、ビジネスパーソンとして成長できないわけでしょ？　それに今は土屋君の話になっているけど、正直私もモヤモヤしているっていうか、壁にぶつかっている感じ

■考え方の循環サイクル

3つの要素を回すことで思考力が発揮される

認知する
■思考のために正確に事象を捉える

思考する
■考えるための道筋を付ける
■理路整然と考える
■考えを深める

行動する
■思考の行き詰まりを突破する

ポイント

- 思考は単発ではなく、流れによってつくられる
- 仮説を段階的に「確信」に変えていくのが、正解のないビジネス世界での戦い方
- サイクル全体をスムーズに回すことで思考力が発揮される
- 自分の強いところよりも、弱いところを補強する

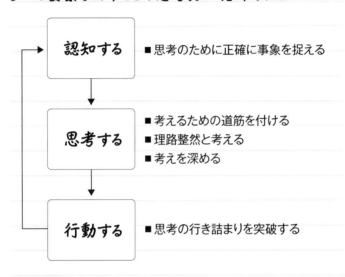

がして。心して聞くから、続きを教えて！」

「うーん、でもホントに簡単な話じゃないんだぞ？」

「いい加減、観念したら？　娘に頼られるなんて、いいことじゃない。コーヒーのおかわり、淹れてあげるから」。母が二の矢を継ぐ。

「お母さん、ナイス！　お父さん、諦めなさい」

「仕方ないな、まったく…。世間話のつもりが、どうしてこうなるのか…」

二対一の状況で、父もようやく降参したらしい。

第2章
認知する

父は「三十分だけだぞ」と前置きして、残りのアイスコーヒーを一気に胃に流し込んだ。

「さて、どこから話そうかな」。父は少し悩んでから、「会社でのやり取りをできるだけ正確に教えてくれないか？　具体的な事例を元にしたほうが話しやすい」と言った。

「分かった。正確にね…」

葵は柏とのやり取りを思い出しながら、父に細かく説明した。父は葵の話を聞き、ノートにやり取りを書き込んでいく。

「できた。これでどうだ？」

「うん、こんな感じだったと思う」


でき上がったノートは交互にセリフが書かれていて、まるで台本のようだ。

Badケース

父はノートを見返しながら、「いいねえ。これは相当いいＢａｄケースだな」と言って笑った。

「すいませんねぇ。できの良いＢａｄケースで…」

Badケース

柏：この施策には違和感がある。しっかり検討しておかないと大変なことになる。

葵：反対なのは分かったんですが、もう一回しっかりと施策の意義を説明させてもらえませんか？

柏：なんでそうなるの？　反対なんて言っていないよ。それに施策の意義は説明されなくても分かっている。

葵：そうなんですか…？

柏：施策自体はいいんだよ。統一できたら、効果が出ると思う。

葵：だったら多少強引にでも施策を進められませんか？

柏：それが問題だ。請求書を指定してくるお客さんだっている。そういうお客さんのことも、ちゃんと考えてくれよ。

葵：そういうことですか。

柏：請求書を指定してくるお客さんがどのくらいいて、何のために指定してくるのか、あまり分かっていない。その調査をしたほうがいい。

葵：分かりました。

「いやあ、とても助かるよ。悪い例をつくるのは難しいからな」。葵の皮肉も、父には全く通用しないようだ。

「このBadケースは、認知の三要素がまるで押さえられていないんだ」。そう言って、父は三本指を立てた。

「三要素？　三つもあるの？」。葵が目を丸くした。

「そう。言葉の認知、状況の認知、意図の認知。この三つだ」

「細かい話は置いておいて、このBadケースがどう変わるか確認していくぞ」

Badケースの隣にGoodケースの文字が書かれ、その下にBadケースと同様に、柏の第一声が書き込まれる。

Goodケース

「父さんが柏さんにこう言われたら、まずは『言葉』を確認するだろうな。柏さんは冒頭で『違和感がある』と言っている。だけど、それが何なのか分からない。違和感ってなんだ？　どういう意味だ？　分からないだろ。だから『違和感とは具体的にはなんですか？』とストレートに確認する。遠慮は無用だ」

ノートに、父のセリフが追加された。アンダーラインとともに「言葉の確認」という注釈を添えて。

「相手に聞いてみると、『違和感』の正体がはっきりする。ここでは『特定の顧客に配慮できていないこと』が気になっていそうだな」

ノートに柏の回答も書き込まれた。想像で書いてはいるが、おそらくそんなに間違ってはいないだろう。

「う〜ん、参ったな。こうやって書いてみると、よく分かる。柏さんは『反対』なんて、一言も言っていない！　言葉を確認するって、そういうことか…」

たった一言確認しただけなのに、これだけでも柏と葵の食い違いは解消された気がする。父は少し間を置くと、先に進んだ。

「次は状況の確認だ。柏さんはどんな状態なんだろうか？　施策に反対なんだろうか？　施策の理解は十分なんだろうか？　これもよく分かっていない。だったら、そのまま確認すればいい」

Goodケース

柏：この施策には違和感がある。しっかり検討しておかないと大変なことになる。

父：違和感って、具体的にはなんですか？（**言葉の確認**）

柏：お客さんの中には、わざわざ請求書を指定してくる人がいる。そういうケースに対して、配慮がない気がして。

父：施策自体は反対ですか？（**状況の確認**）
中身は十分に理解してもらえていますか？（**状況の確認**）

柏：理解しているつもりだし、施策にはむしろ賛成だ。

父：そうでしたか。では、請求書を指定するお客さんからクレームが来ないように、きちんと対応を考えてくれという話ですね？（**意図の確認**）

柏：その通り。

父：請求書を指定してくるお客さんがどのくらいいるか、分かっていますか？

柏：いや、実は分かっていないんだ。

父：では、その調査から始めましょう。

ノートに、父と柏のやり取りが追加される。「むー」。葵は思わず、うなってしまう。こうして見ていくと、Badケースでは葵がどれだけ認知不足だったのかよく分かる。

というか、認知を深める質問は一切していない。聞いた言葉を黙って勝手に解釈し、「反対だ」と思い込み、そして、「施策を理解してもらえていないはずだ」と決め付けていた。何だか、すごく恥ずかしい。

「最後に意図を確認する。柏さんは何を伝えたくて、どんな意図があって、この発言をしているのか？ コミュニケーションには必ず意図があるから、それを確認する」。ノートでは、三つの確認が的確に、しかも流れるように行われていった。

「ここまで確認して、ようやく起こっていることを正しく認知できるんだ。認知できていないうちに思考しても、インプットが間違っていたら、まともな思考はできない」

「グーの音も出ません…」。葵は椅子に寄りかかって、打ちひしがれていた。これが認知か、すごい。

「違いが分かればいいんだ。葵をへこませたいわけじゃない」。そう言って父は笑っているが、差は歴然としていた。

Ｂａｄケースでは、柏から色々説明してもらって、そのたびに内容が修正され、最終的にはほぼ指示される形で、『顧客に請求書を指定されるケースを調査しよう』にたどり着いている。葵たちは受け身に回りっ放しで、双方向の対話になっていない。

これに対して、Ｇｏｏｄケースは、主体的に認知を深める動きをして、こちらから『調査しましょう』と提案する流れをつくっている。同じように見えて、全く違う。

質問で認知を深める

「言葉、状況、意図。この三つを意識して話を聞くと、認知が根底から変わる。黙って聞くのではなく、積極的に質問をしながら聞くことになるんだ。耳を傾けるんじゃなくて、必要な情報を自分から取りにいく感じだな」

「よく『傾聴』するって言うけど、ずいぶんイメージが違うのね…」

「そうだな。傾聴は、相手の言うことを否定せず、耳も心も傾けて、相手の話を『聴く』ってよく言われるんだが、それって結局は『黙って聴く』ことしかできない。だから傾聴しようと思っても案外難しくてできないんだよ」

「確かに！　傾聴できているのかも自分では判断しづらいし…」。父がそうそうとうなずく。

「三つの要素を理解するためには、積極的に質問していいってわけね。確かにそのほうが実践しやすいかも」

「そうだな。認知というと、『黙って聞いて理解する力』と考えがちなんだが、むしろ質問力が肝になる」

父は一つずつ確認するように、ゆっくり語った。中身はなかなか衝撃的だ。父はロジカルシンキングだけでなく、傾聴まで否定するのか。いや、否定しているわけではない。それもまた、全体の一部でしかないと言っているのだろう。

「質問で主体的に認知を深める。思考に足りない情報は自ら集める、と言ってもいい。これを自律的にできないうちは、いつまで経っても思考できるようにはならないぞ。認知は軽く見られがちだが、全ての土台になるんだ」

葵は、会社の同僚を思い浮かべてみた。これができている人がどれだけいるだろうか。

「こんなことが自然にできたら、すごいだろうなあ。うーん。私も全然できる気がしない」。

思わず、ため息が漏れる。

「そんなに難しい話じゃない。三つの要素で認知を深めることが分かっていれば、あとは習慣の問題だ。もう少しコツを解説してみようか」

言葉の認知

「まず、言葉を正しく捉えてほしい。日本語を適当に話したり聞いたりしているシーンが多すぎる。しゃべっている人もテキトウだし、聞いているほうも聞き流しているからな。ここを変えるだけでも、ずいぶん違うぞ」

父はノートに書き込みを増やしながら説明する。「言葉を正しく捉えるコツは二つある」

【コツ1：単語を捉える】

「一つ目の鍵は単語だ。よく分からない、あやふやな単語をそのままにしない」

「さっきの例だと『違和感』があやふやな単語なのかな？」

「その通り。抽象度が高い単語だよな。包括的、抜本的、構造改革、なんて単語は危ない。他にもカタカナ文字やバズワードは要注意だ。例えば、ダイバーシティー経営やＤＸ（デジタルトランスフォーメーション）などは、人によって意味が違ってくる」

葵はオフィスでの日常会話を思い浮かべてみた。確かによく耳にする言葉な気がする。でも言われてみれば、何を指しているのか分かりにくい。

「主語が大きくなるときもある。『みんなが言っている』の『みんな』って誰のこと、とか。『ユーザーの意見です』の『ユーザー』は誰？　とかね」。こうした言葉も普段はどれも聞き流している気がする。

【コツ2：文章を捉える】

「単語を押さえたら、次は文章だ。さっきの例だと、柏さんは『しっかり検討しないと大変なことになる』としか言っていないのに、葵は勝手に脳内変換して『施策に反対』と読み替えてしまった。これは文章をそのまま捉えられていないダメな典型例だ」。父は頭の横でペンをクルクル回してみせた。

「大変とか、違和感とか言われちゃうと、否定されているって思っちゃうのよね」

「でもそのせいで、認知がゆがんでしまうんだ。まあ、父さんも偉そうに言っているが、俺はこれが苦手でね。相手の話を聞きながら、すぐに自分の解釈を挟んで、一足飛びに相手の意図をくみ取ろうとしては失敗してきたよ」。父は過去を振り返るように言った。

「今思い返すと恥ずかしいが、結局『素直にそのまま聞く』ことを軽視していたんだと思う」

「どうやって改善したの？」

「議事録を取る訓練をしたんだよ。ただし、要約も編集も補足もせず、一言一句、発言されたことをそのまま書く。言うなれば、『ありのまま議事録』だな。一度文字にして客観的に眺めてみると、勝手な脳内変換が起こりづらくなる。これをやると、人がいかに曖昧な文章で会話しているかがよく分かる。言葉の認知が苦手な人にはオススメだ」

「へえ、これはやってみたいな。土屋君の訓練にもいいかも」

状況の認知

「言葉が分かったら、次は状況だ。相手が見聞きしたことを疑似体験できるくらい、状態や情景をイメージできるようにしたい。それが状況の認知だ」

「これは分かりやすいかも。毎回じゃないけど、やっているときもある気がする」

父は大きくうなずくと、「やること自体はごく普通のことなんだけど、きちんと意識して状況の認知を深めている人は少ない」と続けた。

「確かにそうかも」と、葵は言った。

聞くという動作は受け身でできてしまう。音は勝手に、耳から入ってくるわけだし。でもそれに甘えてはいけない、ということなのだろう。

「具体的な状況を気にしながら聞いていると、自然に質問が出てくるはずなんだ。言葉だけで伝えられる情報は限定的なんだから。逆に、質問が全く思い付かないのは、ちゃんと聞けていないからだと思ったほうがいい」

「そういえば、土屋君は全く質問してこないな…。思考が弱くて返事が曖昧なんじゃなくて、そもそも聞いていない可能性があるのね…」

父は「なかなかだねえ…」と笑った。しかし実際、大いにありそうな話である。

【コツ1：主語と目的語を明らかにする】

「ここでも二つ、コツを紹介しておくぞ。一つ目は、主語と目的語がない文章には気を付けることだ」

「目的語ってなんだっけ？」

葵は早速、言葉の認知を意識してみる。考えてみると、目的語がなんなのか曖昧だ。

「誰が、誰に対して、何をしたという文だと、誰が＝主語、誰に対して＝目的語、何をした＝動詞、になる。国語で習っただろ？　日本語では動詞がないケースは少ないけど、逆に主語と目的語がないケースは非常に多い」。父の話を聞いて、葵は笑ってしまった。

「子供のころからお父さんに、しょっちゅう言われていたやつだ。主語がないとか、日本語を正しく使えとかね。いつも言われていたけど、こういうことだったのか」。父もつられて笑っている。

「面倒くさい親父で悪かったな。葵は主語や目的語を省略しまくるから、ついツッコミたくなるんだよ」

父によると、日本語は主語や目的語を省略しがちな言語らしい。例えば「母が父にコーヒーを淹れた」と言えば、きれいな日本語になるのに、ついつい主語と目的語を省いて、「コーヒーを淹れてくれた」と言ってしまう。
その場にいれば問題なく伝わるが、第三者が聞くと何のことかよく分からない。日常会話なら大した問題にはならないが、ビジネスではあやふやな情報伝達はトラブルを生む原因になりやすい。

【コツ2：事実と思いを切り分ける】

「二つ目は、事実と思いを切り分けて聞くことだ。これも大事だぞ。例えば土屋君が『柏さんは追加予算が必要だと考えているようです』と、葵に報告してきたとしよう。一見問題なさそうに見えるよな」

「うん、でも待って。そういうことか！」。葵はピンと来た。「これだと、柏さんは追加予算が必要だと『言った』のか、柏さんの様子を見て土屋君が『感じた』のか、区別がつかない」
「おお、すごい！　その通り。柏さんが実際に言ったのと、土屋君の想像とでは、状況が全く違ってくるだろ？」

葵は状況を想像して、苦笑した。土屋の想像だとしたら、とても信用できない。トラブルになりそうだ。

状況の理解も、それなりに難しそうだ。「これはどうやって訓練すればいいの？」

「そうだな…。父さんはテレビ番組の『再現ＶＴＲ』みたいに、頭の中で動画を再生するようにしている。その場の状況を動画でありありと想像する訓練だな。これをやると自然に、主語や目的語、事実と思いを意識することにもなるから一石二鳥だ」

変わった訓練方法だが、理にかなっている気がした。誰がどんな雰囲気で、誰に何を言ったのかが分からないと、再現ＶＴＲは流せそうにない。

意図の認知

「最後は意図だ。状況を正しく認知できても、柏さんが結局、何を伝えたいのか、何を気にしているのかをくみ取れていないなら、『認知した』とは言い難い。だから最後に、相手の意図をくみ取れているか確認するんだ」

「確かに認知すると一口に言っても、『状況の認知』と『意図の認知』では、かなりニュアンスが違うね。私は意図の認知のほうが得意かも」

「そうかもしれない。状況の認知は左脳的で、事実が大事だ。意図の認知は右脳的で、感情が重要になる。葵は右脳人間だからな」。褒められてはいない気がするが、自覚しているので反論もできない。

　右脳・左脳と言われても対応しにくいが、状況と意図を確認しろと言われれば、なんとかなりそうな気がする。父はノートに書き込みをしながら、先を続けた。

【コツ１：自分の言葉で確認する】

「意図を確認するコツは、自分の言葉で相手の意図を語ることだ」

「自分なりに言い換えるってこと？　言葉の認知は『ありのまま聞く』だったけど、それとは違うのね」

「そう。言葉を言葉のまま捉えても『意図をくめた』とは言えない。伝えたいことをストレートにしゃべる人は、実は少ない。相手が意図していることを、相手よりも上手に語れないとダメだと思っている」

「なるほど」。葵はうなずいた。確かに相手の本心をくんであげる必要がありそうだ。

「相手の意図ね…。でも、ピタリと言い当てるのは難しくない？」

「クイズじゃないんだから、言い当てる必要はないよ。認知のズレを防げればいい。だから『〜しろと言っていますよね』と断定するのではなく、『〜しろと受け止めましたが、合っていますか？』くらいの言い回しで確認するのがいいだろうな」

ズレをなくすは、しっくりくる表現だ。一方的に話を聞かされて、認知度を試されるのではなく、相互に確認し合って認知を深め、ズレをなくせればいいということだろう。

【コツ２：自分の主張は一旦忘れる】

「もう一つのコツは、自分の主張や思いは一旦忘れることだな」
「どういうこと？」
「これも父さんが苦手だったことなんだが…。自分の意見がしっかりあると、かえって相手の話を素直に聞けなくなってしまうんだよな。自分の考えと違うことを言われると、思わず『それは違うでしょ』と言いたくなってしまう」

それは分かる気がする。葵にも身に覚えがあった。自分の考えを否定されると、認知どころではなく、自己弁護に入ってしまう。思い返せば、柏に「違和感がある」と言われたときがまさにそうだった。自分がいいと思っている施策に対して「違和感あり」と言われた段階で、自己弁護に入っていたように思える。

「本来は、状況や意図をきちんと認知してから反論すべきってことね」

「そうだ。『柏さんはこう感じていて、こうしたほうがいいと言っているんですよね？』と相手の意図を確認してから、『よく理解できました。でも私はその意見には反対なんですけどね』と、さらりと言えるかどうかだな」

「うわぁ、それはお父さんっぽい！」

「はは、とにかく認知に徹する。思考や主張はその先だ。忘れるな」と父が言った。ノートには認知の三要素が整理された。

認知の三つの要素

「認知のパートで伝えたいのは、これくらいだ。あとは実践あるのみ」。葵は父のノートを改めてのぞき込んだ。

「なんかすごい話を聞いた気がする！　そう考えると、人から話を聞いて『質問はありませ

■認知の3つの要素

・言葉の認知

- ✔ コツ1：あやふやな単語をそのままにしない
- ✔ コツ2：曖昧な文章を見逃さない
- ✔「ありのまま議事録」で、そのまま聞く（書く）訓練をする

・状況の認知

- ✔ コツ1：主語と目的語を明らかにする
- ✔ コツ2：事実と思いを切り分ける
- ✔ 脳内の「再現VTR」で状況整理の訓練をする

・意図の認知

- ✔ コツ1：自分の言葉で確認する
- ✔ コツ2：自分の主張は一旦忘れる
- ✔「認知に徹する、思考や主張はその先で」がキーワード

ん』ってなるのは異常事態ね」

「そうだろ？」

「今までどれだけいい加減に話を聞いていたというか、受け身だったというか…。なんか反省しちゃう。でも逆に、たくさん質問が思い浮かんじゃったら、どうしたらいいんだろう？」

「質問がたくさんあるからといって、全部聞く必要はない。状況に応じて、取捨選択すればいいだけだ。ただし、本来はこれくらいしっかりと言葉、状況、意図を確認するべきだし、そうすると質問が山ほど出ることに気付いてもらいたいんだ」

こうやって順を追って説明されれば、葵にも分かる。確かにと思うことばかりだ。それでも、これを実践するのは難しいように思える。自分にできるのだろうか？　自分だけじゃない、土屋君にも教えたい。

「お父さん、これって、あとは地道に訓練するしかないの？」

「そうなんだが、ほとんどの人は無意識のうちにしていることなんだよ。普段していることを、少し意識的にやるだけでいい。そんなに難しく捉えないでほしいな。たまに抜けてしまってもいいさ」

「そっかー。お父さんでもあるもんね。特に俊介の話になると、私の話は全然聞いていないでしょ？　すぐに持論を展開しちゃうし」。急なカウンターパンチを受けて、父がたじろぐ。「そ、そうか？　いやいや葵の教育方針が」

葵と父が言い合いを始めると、俊介がテーブルに近寄ってきた。一人遊びに飽きた様子だ。「あらあら、二人を止めに来てくれたのかな？」。母が俊介の頭をなでる。「じゃあ、おやつにしましょうか？　お父さんの講義も一段落したんでしょ？」

「うん、お父さん、ありがとう。よく分かった。ああ、土屋君にもお父さんの話を聞かせたかったなあ」

「直接講義しなくても、葵が土屋君の認知力を引き上げる方法もあるぞ。具体的にはだな～」

親子三代でおやつを食べながら、鈴川家の議論は続く。

実践編：「認知する」を現場で試す

父の講義を聞いていると、よくあれだけうまく教えられるものだなと感心する。即興なのに、納得感があるから不思議だ。葵はあれ以来、「認知の三要素（言葉、状況、意図）」を意識して、質問を思い浮かべながら話を聞くようになった。


「言葉は？　課長は何て言ったっけ？」

「状況は？　課長が話していること、具体的にイメージできる？」

「意図は？　課長が気にしていることは何だろう？　何が言いたいんだろう？」


これらの質問を頭に置きながら話を聞いていると、自然に質問が出てくるのだ。例えば、毎週行われているプロジェクト定例会でのこんなやり取り。


――「この前の調査だけど、だいぶ状況が分かったよ」。西山が丸い顔をほころばせている。

「請求書を指定してくる顧客の分析ですよね？」

「そう。請求書のフォーマットを指定してくる顧客は、全体の五十％くらいって話だった。思っていたより多くて驚いたよ」

「確かに」

「請求書が指定される理由は、まだ調査できていないんだが。単に効率的だから指定してくるケースが割とあるらしい。この辺りまで分かってきた」

普段なら「へえ」で終わるような話だ。もしくは、次の行動をすぐに考えてしまうのが、いつものパターン。しかし、最近の葵は認知の三要素を意識しながら聞いているので、ちょっと違う。

（状況は？　西山さんが言っていること、ありありとイメージできるかな？）と思いをはせてみる。

（ん？　五十％って…）

「西山さん、質問です。五十％は、顧客数の五十％ですか？　それとも契約数の五十％ですか？」

「ああ、そうか。えっとね、契約数の五十％だね」

「そうですか。だとすると、交渉しなければいけないお客さんは、半分より少なくなる可能性がありますよね。複数の契約をしている大口の顧客もいますから」。葵は天井を見上げながら、状況を想像してみる。一社が複数の契約をしていて、契約ごとにＮＮＰから請求書が送られてくる。

葵の視界の端で、西山が同意しているのが見えた。

「もう一つ、質問です。『効率的だから』とは、どういうことですか？」

「うん？　各社から送られてくる請求書が同じ形式でそろっていれば、自社の事務作業がしやすいってことだよ」

（なるほど。請求書はＮＮＰだけから来るのではなく、何社もの取引先からたくさん届くわけだ。何百枚もの請求書をさばく大企業なら、請求書の形式がそろっていれば事務効率が上がりそうだ）

こうして質問しながら話を聞いてみると、分かっていたようで、実は分かっていないケースが多いように思えてくる。「効率的だから」も、認知の三要素を意識していなければ、なんの疑問も持たずに聞き流してしまいそうだ。

（他は…。どうだろう？）。少し考えを巡らせる。

「あ、教えてください。『効率的だからというケースがある』という話でしたが、それ以外の理由も分かっていますか？」

「ちゃんと調査はできていないんだが、請求書をデータとして取り込むために、形式を指定してくるケースもあるみたいなんだ。まれではあるけどね」

「データとして取り込むって、どういうイメージですか？」。ここでも、状況の確認を忘れない。

「請求書の文字情報を読み取って、データに変換してシステムに取り込み、入力作業を自動化している顧客がいるんだ。その場合、請求書の形式がそろっていないと、読み取りの精度が上がらない。だからフォーマットを指定してくるわけ」

色々質問して、だいぶ分かった気がする。ここまでやってようやく、認知は合格点なのだろう。認知が十分に進むと、思考も自然に進む気がした。

「ということは…。システムにデータを取り込むために指定してきている顧客は、どうにもならなそうですね。単に事務が効率的だからという顧客なら、交渉の余地はありそうですが」

「そうなんだよ。そこをどれくらい切り崩せるかが勝負じゃないかな」

「もう少し踏み込んだ調査をして、営業の感触を聞いてみましょうか。どうやって交渉すべきか、ヒントがもらえるかもしれないですし」

「そうだね」。西山が勢いよくうなずき、笑顔になった。

「鈴川さんと話していたら、なんだかスッキリした気になるな」

葵も思わず、ニヤッとしてしまった。

（おお、やった！　うまくいった！　よかったー）

ニヤつきを抑えながら、「私もちゃんと理解できて、スッキリしました」と葵は平静を装う。

こんな調子で、葵の行動は少しずつではあるが確実に変わっていった。

一方、土屋に対しては、父からのアドバイスを愚直に実践している。

「土屋君の認知の三要素がどうなっているのかを、確認するといい。どこが理解できていて、どこが曖昧なのか。要素ごとに質問して、整理していけばいいさ。土屋君には『自分は話が聞けていない』という自覚を持たせる。それが改善の第一歩だよ」

これが父からのコメントだ。こいつ分かっていないなあと思ったときは、つい説明を重ねたくなるものだ。しかしそうではなく、質問によって不足分を本人に自覚させるとは、面白い発想だ。

――そして、ある日の午後

「土屋君、この前お願いした仕事。営業に調査に協力してもらえるよう、メールする件だけど、今どうなっている？」

「ああ…。今やろうとしているところです。そういえば、ちょっと相談がありまして…。こんなメールを送ろうと思っているのですが、見ていただけますか？」。土屋の書きかけのメールをのぞき込む。

「ちょ、ちょっと。これはかなり乱暴じゃない？　だって、土屋君がしてほしいことしか書いてないじゃない。こんなメールを受け取っても、営業は混乱するだけじゃないかな？　ちゃんと背景を書いてあげないとダメでしょ」

「そうですか…。分かりました」

「ちょっと待った。分かりましたって、具体的にはどうするつもり？」

土屋のメール

新規メッセージ

to　○○○　　Cc

件名　×××

お疲れ様です。土屋です。
少々お願いがあるのですが、
お客さんが請求書を指定してくる理由を教えてもらえないでしょうか。
メールで構いませんので、箇条書きで理由を教えて下さい。

送信

「請求書のフォーマットが指定される理由を知りたいんです、って一行足そうかなと」

「いやいや、そうじゃなくて」。（やばい、全然伝わっていないじゃん！）

こうした派手に認識がズレる会話はいまだに減っていないが、葵はこんなときでも慌てなくなった。何かがかみ合っていない後輩に対して、一つずつ認知の度合いを確認していけばいいのだ。

「私、なんて言った？」。これは言葉の確認だ。土屋が葵の言葉を正確に聞けているのかを、まず確認する。

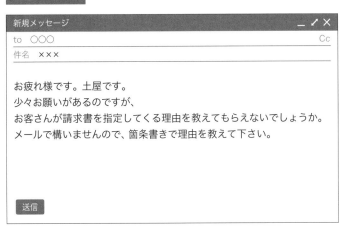

「え？　背景を書けって…」

「それも言ったけど、『営業は混乱するのでは？』って言ったのよ」

「そうだったかも。すみません…」

「いや、いいの。でもどこで話が食い違っているのか確認したくて…」

（それにしても、やっぱりそのままは聞けていないというか、聞くものを頭が勝手に取捨選択しているのかな。それは認知がズレるはずよね。えっと、次は…）

「それで私が言ったことをイメージできる？　営業がメールを受け取って混乱する状況が、具体的に思い浮かぶかってこと」

状況の確認だ。脳内で動画を再生できるくらい、具体的にイメージできているかを確認してみる。

「えーっと…」

「私も分かりやすく伝えられたらいいんだけど。もしイメージするのが難しかったら、遠慮なく聞いてほしいの」

「そっすね。分かりました。どういうイメージなんですか？」。土屋は何も考えていないのか、それとも素直すぎるのか、よく分からないが、それこそ遠慮なく直球で返してくる。

（ここでイラっとしちゃダメよ、私…）

「土屋君のメールだと、『なんか土屋からメールが来たけど、なんでこんなことを聞いてくるんだ？　これを聞いて、土屋は何がしたいんだろ？』って思われそうじゃない？　相手はこっちの状況を全く知らないんだから。営業の柏さんなんてメールを斜め読みして、軽く読み飛ばす姿が目に浮かばない？」

「そう言われてみれば、それはイメージできるかも」

（やれやれ…。次は、意図の確認ね）

「私が伝えたかったことは、『営業の人たちが協力しようって思えるように説明しないと、動いてくれないから、お願いのメールには気を使って』ということなの」

「なるほど、そうか…。だから一行足せばいいなんて単純な話ではないってことか」。ようやく土屋に意図が伝わったようだ。目に光が戻ってきている。脳みそが動いた証拠かもしれない。

「もちろん、ダラダラと長く書けばいいって話でもないけどね。ある程度メールに書いたら、細かくは直接説明に行きますのでという流れがいいかもしれない。とにかく『協力しなきゃ』と思ってもらえないと話が進まない」

「はい、分かりました。じゃあ、こんな感じならどうですか？」。パチパチとメールを修正する土屋。

「さっきよりは、ずっといいかな」

葵は認知の三要素の大事さを改めて感じていた。何が間違っていたのか、どこでつまずいているのかが分からなければ、また同じことが起こるだけだ。一つずつ丁寧に確認して補正していけば、少なくともどこが悪かったのかは分かるだろう。一足飛びには改善しないが、人が成長するにはこうした繰り返しが必要だと思う。葵は認知の三要素に手応えを感じ始めていた。

父の日記

俊介、かわいかったなあ…。目に入れても痛くないとは、まさにこのこと。次はいつ会えるかな。

その後、葵はうまくやっているだろうか。簡単なテーマじゃないから、すぐには大きな変化が起こらないかもしれない。でも、認知の三要素を意識し続ければ、徐々に効果が出てくるだろう。

とはいえ、また「うまくいかないんだけど！」と駆け込んで来る気もするなあ。いくつか伝え損ねたことを書き留めておくか。いつか俊介に教える日も来るかもしれないしな。

◆情報収集はゴールを明確に

葵には「人の話を聞いて認知する」という状況を想定して話をしたが、ウェブや書籍などから情報を収集するシーンもある。基本的な考え方は同じだが、情報収集の場合は少し工夫が要る。

ネットや本にはいくらでも情報が転がっていて、いつまでも情報収集できてしまう。何時間もネットの記事を読んで、たくさん情報を拾って…。最後にはすごい量の情報におぼれてしまい、この情報をどうしたらいいか分からない、どうすれば情報収集が終わるのかも分からず、ただ時間だけが過ぎていくという状態になりやすい。俺もしょっちゅう失敗したものだ。

情報収集の場合、調べる前に次の三つを明らかにしてほしい。

・何が分かっていないか
・何が分かれば、情報収集が完了したと言えるか
・集めた情報は、どう使うのか

ここが明確だと、情報の渦に飲み込まれずに済む。

◆認知できれば要約もできる

それから、認知の話になると必ず出てくるのが「要約」だ。要約力を鍛えると、理解力が上がると言われている。一つの訓練方法だし、良い取り組みだろう。

でも、認知の三要素がきちんとできたうえでの要約になる。当たり前だが、そもそも認知できていなければ、うまい要約なんてできない。

言葉・状況・意図をきちんと認知できれば、自然に要約もできるようになる。認知の三要素を押さえられていないのに、要約力を鍛えようとしてもダメかもしれない。順番を間違えないようにしよう。

◆情報を構造化すると不足に気付く

要約と同じくらいよく登場するのが構造化だな。情報を列挙するだけでなく、それぞれのつながりや上下関係を整理したり、類似のものをくくって階層をつけたりするのが構造化だ。

情報を処理しやすい形に再整理する行為なので、これができると認知が楽になる。構造化することで、認知の抜け・漏れや認知の不足も見えてくる。

ただ、これも要約と同じで、言葉・状況・意図をきちんと認知できたうえでの構造化だ。常に認知の三要素が土台になる。

◆「仕事を受けるときのお作法」との違い

以前、「タスク依頼の基本動作」として、動作／期限／目的・背景を明確にすると教えたことを、葵は覚えているかな（『世界で一番やさしい資料作りの教科書』を参照）。この話と認知の話は似ているので、違いだけメモしておくか。

認知の三要素で、相手が言いたいことを的確に認知する。とにかくこれが全ての土台だ。その結果、相手の意図が「タスクを依頼したい」だった場合、「タスク依頼の基本動作」で動作／期限／目的・背景の確認をすればいい。そんな構造になっている。

認知の三要素のほうが汎用的で、広く使える。タスク依頼の基本動作は、シーンが限定的になるイメージかな。

◆「割り込みおじさん」にはならない

最後に、自分に言い聞かせる意味で、これも書いておくか。世の中には人の話を全く聞かずに、自分が話したいことだけを好き勝手に投げつけてくる人がいる。こっちはまだ話している途中なのに。途中で割り込んできて、話をかぶせてくる人、いるよな。この「割り込みおじさん」は、他人の話を全く聞いていないと断言してもいい。

■認知の3要素と、タスク依頼の基本動作の関係

相手の意図が不明確な状況では…認知の3要素で「意図」をくみ取る

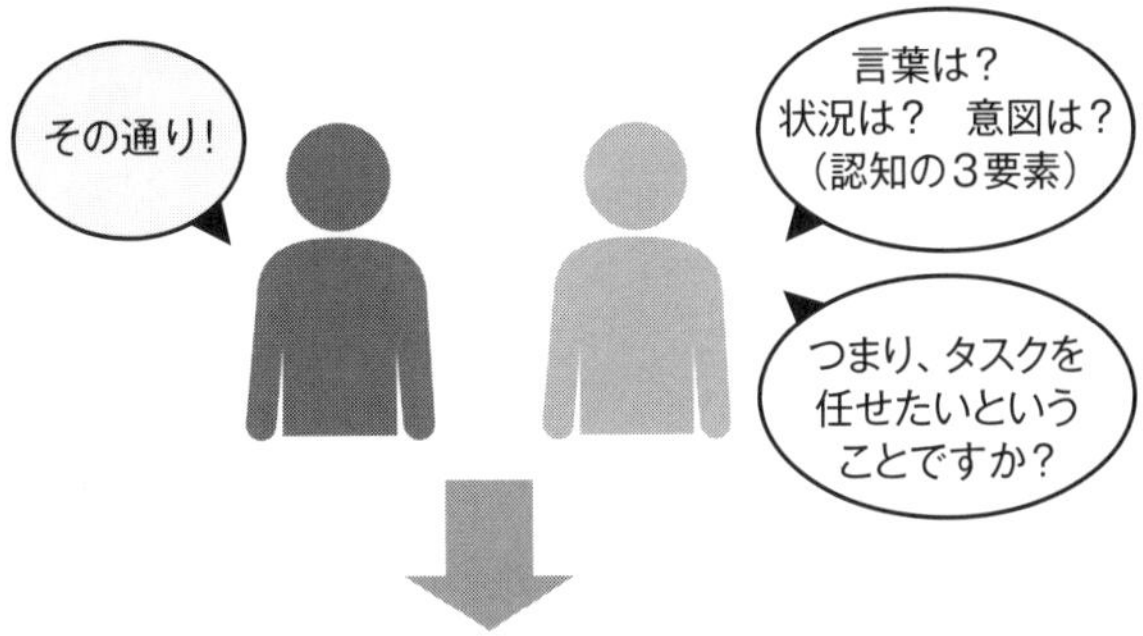

意図が「タスクを依頼したい」なら、動作、期限、目的・背景を確認する

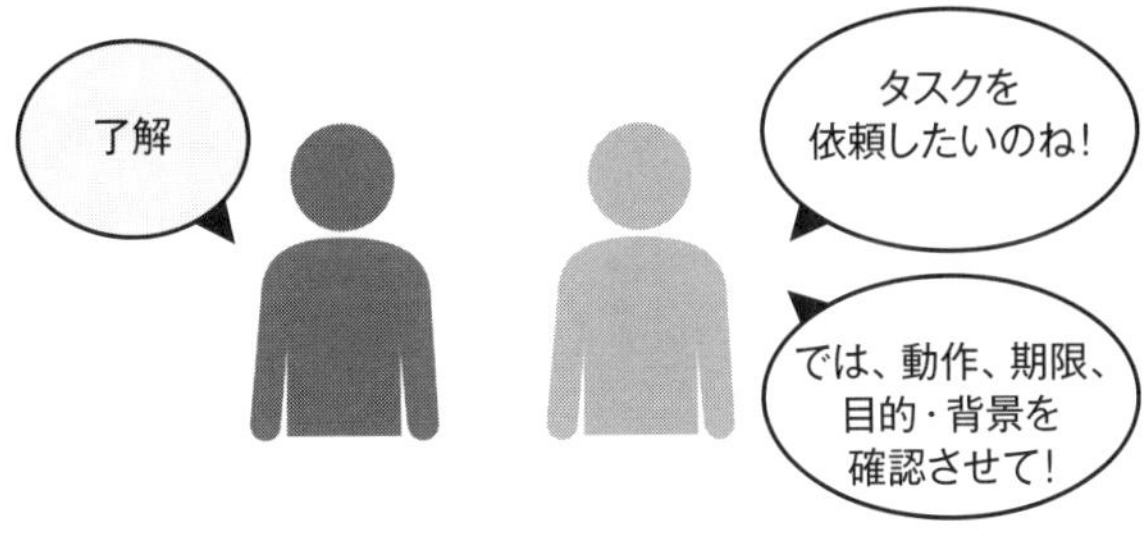

仕事の経験を重ねてくると、こうなりがち…。

話を聞いたそばから反論したり、即座に自分の意見を言うほうが頭の回転が速いように見えたりすることがある。しかし、それは明らかに間違いだ。本当に頭の回転が速い人は、認知・思考・行動の循環サイクルをしっかりと高速で回している。

それに対して割り込みおじさんは、考え方の循環サイクルを回していない。話を聞いた振りをして、持論を決め付けでぶつけてくるんだ。

これは上司と部下の話だけではない。親と子供でも同じ。相手よりも経験が豊富だと、ついつい認知をサボってしまいがちだ。気を付けなければならない。誰に対しても、割り込みおじさんにだけはならないようにしたい。娘に対しても孫に対してもな。

さーて、認知だけでも結構なボリュームがあったなあ。次は「思考」だ。こっちはもっと難しい。どうなることやら。

第3章
思考する

葵が参加しているプロジェクトは、毎週行われる定例会を軸に進んでいる。定例会で各自の進捗と、次に向けたタスクを確認する。次の定例会までに各自がタスクを進め、また定例会に持ち寄って報告・議論する形式だ。

もちろん、定例会以外でも西山に相談したり、土屋と協力してタスクをこなしたりすることがある。だが基本的な流れは、一週間サイクルで回っていく。

定例会で「作業中です」「実施中です」という報告が続くときは、危険信号だった。具体的な成果や進捗がないと、「〜している最中です」という報告しかできなくなる。営業へのヒアリングを担当している葵は今日、具体的な進捗を報告できそうで心なしか気持ちが軽かった。定例会でのテンションも少し上がる。

「営業へのヒアリング、完了しました！」

「おお、どうだった？」。西山が興味深げに身を乗り出す。

「はい。請求書のフォーマットを指定される理由は分かりました。交渉の余地も十分にあるだろうという話でした」

調査結果のホワイトボード

請求書の状態

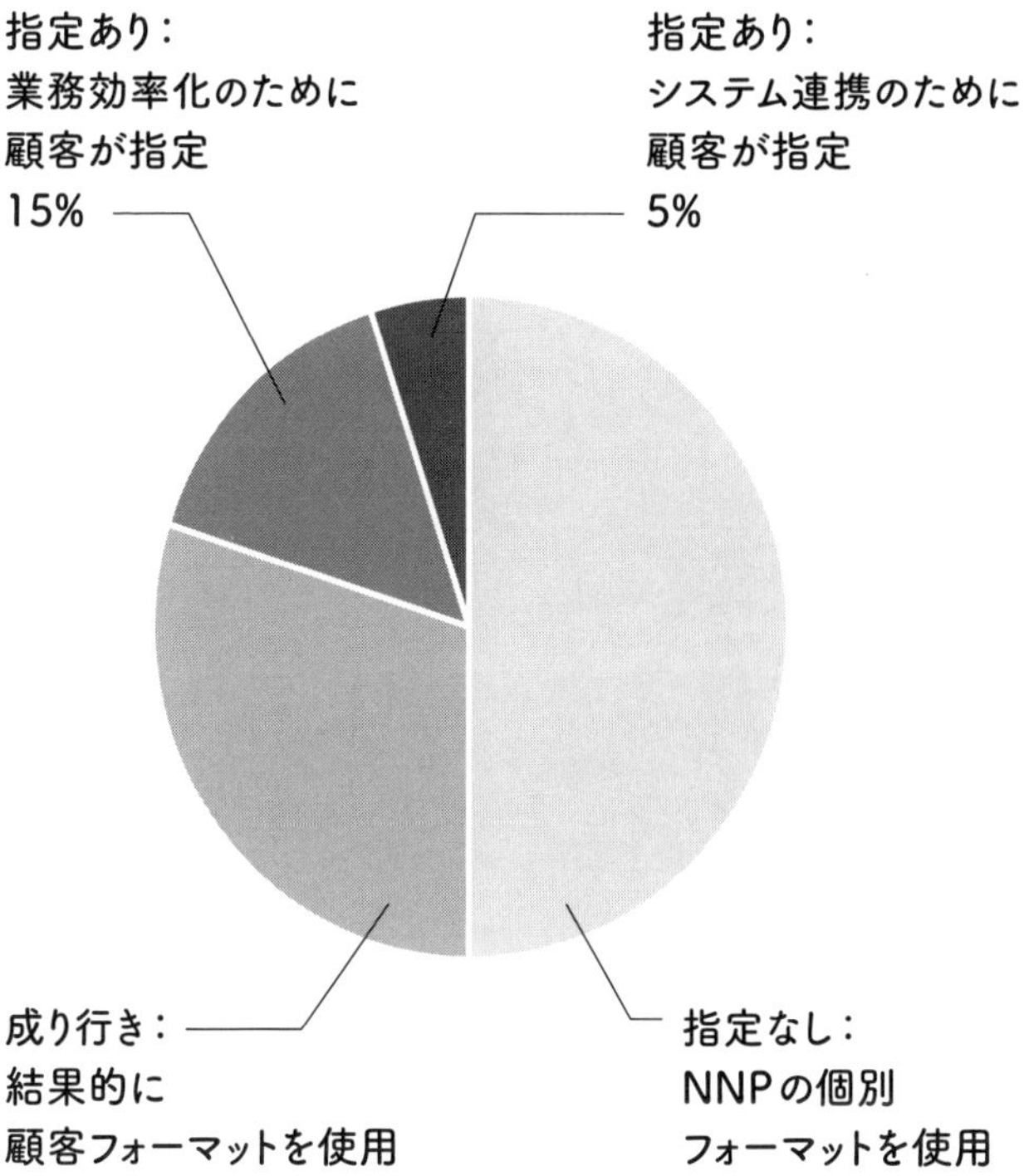

「それはよかった」

「営業も普段、請求書のことを気にしていないらしいんです。むしろ顧客に請求書のひな形はないかを、当社から聞いていることのほうが多いらしくて。それって指定されたというよりも、相手がたまたまそのフォーマットを使っていただけみたいで…」

「ということは、成り行きでそうなっているだけか」。西山がつぶやく。

請求書の状態

葵はホワイトボードに、状況を整理した。

「こんな感じですね。顧客のフォーマットで送っているのが全体の半分。そのうち顧客の事務効率化が背景にあるのは十五％、システム連携が背景にあるものは、わずか五％程度でした」

「なるほど。成り行きの三十％は問題なく交渉できそうだな」。西山はホワイトボードを見ながら、自分の頭をさすった。

「はい。営業もそう言っていました」

「すると指定されていない五十％も合わせると、全部で八十％くらいは標準化できそうってことか。悪くない数字だな。事務の効率化のために指定されている十五%はどうなんだろう？」

「ここも『交渉の余地あり』と言っていました。ただし、切り出すタイミングや頼み方を間違わないようにしないとクレームになる可能性があるとも言っていましたね。システム連携している五%は『交渉を持ちかけること自体が難しい』という感じでした」

「なるほど。柏君が気にしていたのは、この五%の部分なのかもしれないな。確かに一律でフォーマットの標準化を推し進めていたら、クレームになりそうだ。それでも全体の八十〜九十五%を標準化できるなら、十分に効果を出せそうだね！」。西山が頬を緩める。

「そうなんです。営業がバラバラに作成している請求書が一つの形式にそろえば、システムで一気に出力できますし、ミスも減るでしょうね！　頑張って交渉して、標準化しちゃいたいですよ」

「うん。だいぶ先が見えてきたなあ」

西山はちょっと考えたように天井を見上げると、「鈴川さん、この施策、あとはお願いできるかな？」と出し抜けに言った。

「は？」

「鈴川さんと話していると頭が整理されるし、僕の考えをしっかり理解してくれているから安心なんだよ」

「え？　無理、無理！　無理ですよ」。葵は驚いて、必死に手を振った。

「そう言わずに頼むよ…。正直、あれもこれもやらされてて、僕はもう手が回らないんだ」。頼まれたら断れない性格の西山は、あちこちから依頼を受け、すごい数の仕事をこなしていた。それを知っているだけに、西山からこんな頼まれ方をすると葵も断りづらくなる。

「請求書の標準形式をつくって、切り替えて、効率化の成果が出るところまでリードして。ほら、鈴川さんなら絶対にできるよ！」。西山がキラキラした目で葵を見る。

「いや、そんな簡単には…」。しかし、葵に期待を寄せてくれている西山を見ていると、とても断れそうにない。なんだか、西山が子供のように見えてきた。

「ううっ…。わ、分かりました」

「やった！　ありがとう！　めちゃくちゃ助かるよ」。西山はうれしそうだが、葵の心中は穏やかではない。

（お父さんに言われたことを試してみたら、仕事ができる人だと買いかぶられて…。最終的に難しい仕事が飛んでくる。まさにいつものパターン！　抜擢されても困るんですけど。どうしよう…）

西山とのミーティングを終え、葵は席に戻ったが、頭の中はまだモヤモヤしている。任せたと言われても、どう進めればいいのか。（ええっと…、これからどうする？　どうする私?!）

頭の中で、自分と対話する。

（標準の請求書フォーマットをつくり、営業に説明して…。あれ、お客さんにも説明するのかな？）。頭を抱えながら、脳を必死に回転させる。

（説明は、お父さんに以前教えてもらった『資料作りの7つのＳｔｅｐ』に従って資料をつくればいけるかな。はっ！　でも、そうじゃない？　その前にやらなくちゃいけないことがあるような？）

考えなくてはいけないことが、急に色々浮かんでくる。葵はこの状況になってようやく、どれだけ思考をサボっていたかに気付いた。先のタスクイメージが全然浮かんでこない。

（誰に相談すればいいんだろう？　柏さんかな…？　そもそも標準の請求書フォーマットって、どんなものなんだろ？　ウチの請求書はほんとバラバラなのよね。どうやって標準を決めればいいのかしら？）。考えるほど、要素が増えてきて、頭の中がごちゃごちゃしてくる。

（そう言えば、柏さんは今月忙しいって言っていたけど、時間取ってくれるかな？　業績がいいから忙しいって話だけど、今年のボーナスは増えるのかな？　…って、それは関係ない話だ）

葵の頭は完全にオーバーヒートしていた。

（ああ、もう！　よく分からない！　西山さんはいつもこんなことを並行してやっているわけ？　そりゃあ、オーバーフローするわよね…。私なんて一つであふれそうなのに…）

「やったことがないことを考えるって、本当に難しい…。もうダメだ。週末にまた、お父さんに助けてもらおう。まだ『思考する』のコツも教えてもらっていないし、ちょうどいいか」。葵は自分に言い聞かせるように独り言を口にした。

誰かに頼ることに決めてしまうと、なんだか心が軽くなった気がするから不思議だ。あとは父に頼るしかない。

――週末の午後

ピンポーン。葵の家のインターホンが鳴った。

「じいじ、来た！」。息子の俊介が玄関に駆け出していく。かなりのおじいちゃん子に育ったものだ。

「こんにちは」。父と母が大きな荷物を抱えて入ってくる。どうやらお土産らしい。

「お父さん、また何か買ってきてくれたの？　すぐに甘やかすんだから」

「いいじゃないか。お、片澤君、久しぶり」

「こんにちは。ご無沙汰しています」。父から荷物を受け取りながら片澤が応じた。

片澤は葵の夫だ。葵がＮＮＰの会議改革をやることになったとき、強力にサポートしてくれたのが会社の先輩である片澤だった。その流れで、いつの間にか付き合うことに。片澤の海外転勤で遠距離恋愛になり、すれ違いになった時期もあったが、帰国に合わせて二人は四年前に結婚した。

葵は今でも彼を、「片澤さん」と呼んでいる。会社で出会ったときからずっとそう呼んできたので、他の呼び方ができない。一方の葵は、結婚後も会社では旧姓のままなので、同僚はみんな葵のことを「鈴川さん」と呼ぶ。

「いつも俊介と遊んでもらって、ありがとうございます。でも今日は、仕事の話らしいですね?」

「そうなんだよ。この前の続きを教えろって、葵がうるさくて。娘じゃなくて、孫と遊びたいんだけどなあ」。そう言いながらも、父は笑う。

「あら、いいじゃない。結婚して独立しても娘に頼られるなんて、良い関係だと思うわよ。俊介は私が見ておくから。娘と二人、ごゆっくり」。母は少しうれしそうだ。

「僕もうらやましいなって思います。普通、父親は仕事の相談相手にはなりませんからね。それに今日の話は僕も興味があるので、料理をしながらですけど、脇で聞かせてください」

「え? 片澤君、料理するの?」

「共働きですからね。休日は割と僕がやっています」。片澤が白い歯を見せた。

「料理を始めたのは、俊介が生まれてからの話だけどね」。葵が口を挟む。

子供が生まれると、夫婦の間で衝突が起こるのはよくある話だ。片澤と葵も他人事ではない。小さなけんかは日常茶飯事。しかし、そのたびに父に以前教えてもらった「コミュニケーションのお作法」を思い出しながら家族会議を開いてきた。その結果として、「土日は片澤が料理をする」となったのだが、意外にも片澤は料理にはまりだした。仕事も料理も器用にこなす。

「やり始めると、凝っちゃいまして」

「片澤さんの料理、ほんとにおいしいのよ。男のオープン料理って感じで。仕事の話が終わったら、みんなでディナーにしましょ」

「そりゃあ、楽しみだ。そういうことなら、さっさと片付けないとな」

葵の家は、中古のマンションをリノベーションしたモダンな間取りになっている。キッチンはオープンタイプで、ダイニングテーブルと一直線に並んでいる。ダイニングに腰を落ち着けた父と葵のすぐ隣で、片澤が料理の仕込みを始めている。

部屋には間仕切りがほとんどないので、ダイニングから俊介が一人遊びをしている様子がよく見える。今日は俊介の相手を母に任せ、葵は片澤にコーヒーを二人分オーダーして、父と向き合った。

「それでね、お父さんに教えてもらった認知は、ちゃんと実践したのよ」。葵がいきなり本題に入った。認知を意識すると色々なことがスムーズに進むし、これまでどれだけいい加減に人の話を聞いていたのかを思い知らされたことを伝えた。

西山にも褒められたが、おかげで仕事を振られてしまったこと、しかもこれまで一度もしたことがない仕事で、どうしたらいいのか分からず、困っていることを父に手短に伝えた。

「ほんとにさ、請求書の標準化なんてやったことないし…。いきなり振られても困っちゃう。西山課長、丸投げし過ぎ」。葵は口をとがらせた。

「いつもの悪い癖が出たな。葵は年中、『やったことがない』って言っているよな。世の中、やったことがない仕事だらけだぞ」

「そうかもしれないけど」

「みんなやったことがないし、何が正解かも分からない。だから限られた情報を最大限生かして、的確に考えるしかないんだ。今教えているのは、そのための思考術なんだよ」。そう言いながら、父はかばんからノートを取り出した。

「思考の４つのＳｔｅｐ」を知る

「最初に話した考え方の循環サイクルは覚えているよな？」

父がノートをめくって、認知、思考、行動が矢印でつながれたサイクルの図を見せた。思考単体ではなく、サイクルとして思考を回すことが大事だと教わったときの図だ。もちろん、覚えている。葵は無言でうなずく。


「認知の話は、この前やった。情報を的確に理解して、思考の材料にするのが認知だ。次に思考に入るわけだが、ここでは『考えるための道筋を付ける』『理路整然と考える』『考えを深める』という三つがポイントになる」

「うん」。葵がうなずいたタイミングで、片澤が淹れたてのコーヒーを持ってきてくれた。「これが例の考え方の循環サイクルですか？　認知の話は葵から聞きました」

父はコーヒーを受け取りながら、「今日は思考の話なんだが、これは結構難しくてね。例えば、『考えを深める』と当たり前のように言うが、具体的に何をしたら考えを深められるのか。ス

■考え方の循環サイクル

3つの要素を回すことで思考力が発揮される

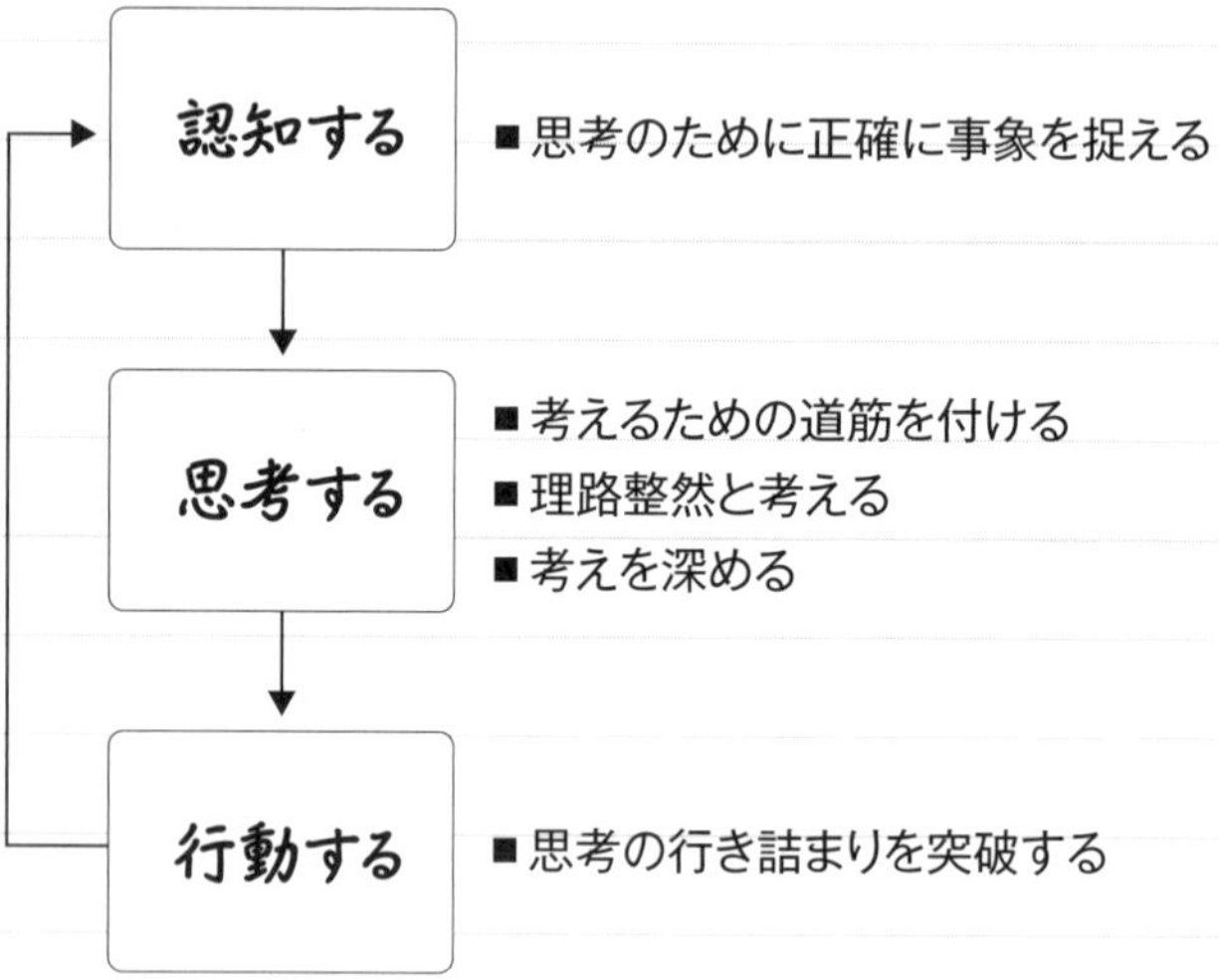

パッと答えられる人はほとんどいない」

その通りだと葵は思った。実際、葵は土屋からの質問に答えられていない。

理想の状態は分かる。でも、どうすればそうなるのか分からないのだ。具体的に何をすれば、考えを深めたことになるのか。見当が付かない状態である。だから困っている。

困惑した葵の表情を確かめ、一呼吸置いてから父が切り出した。

「結論から言ってしまうが、スムーズに思考するには『思考の4つのStep』を踏むといい」

「え?! 四つもあるの?」。葵は目を丸くする。

認知も三要素あって驚いたが、思考はさらに一つ多い。しかもステップということは、思考には手順があるということだろう。父は葵の驚くさまを見なかったことにして、ノートに箇条書きを追加していった。

「こんな感じだが、これは実によくできていると思うんだよ。小難しいロジックツリーやシステム思考といった方法論を持ち出さなくても、十分にいい思考ができる」。父は自分で話しながら自分でうなずき、説明を続ける。この思考プロセスはお気に入りらしい。

「これはウチの会社のコンサルタントが実際にやっていることを、そのまま言語化したステップなんだ。ビジネスの現場で実際に力を発揮してきた方法だと言っていい」

「へえ、それは説得力があるね。っていうか、お父さんが教えてくれるものは、全部そうよね。現場から生まれたものばかり」。葵は頬に手を当て、過去に教えてもらった会議や資料作りのコツを思い返した。どれも確実に役立つものばかりだった。

「こう見えても、変革の最前線で働いているコンサルタントだからねえ。実戦で使えないものは紹介しないよ」。父は誇らしげに、右の眉毛を上げてみせた。

「さて『請求書の標準化に向けて、これから何をすべきか？』という差し迫ったテーマがあるわけだから、それを題材にしよう。習うより慣れろ、だな」。父はノートをめくった。

【Step1：問いを書き出す】

「今回みたいに難しいテーマを任されると、すぐにああでもない、こうでもないと考え始めて

■思考の4つのStep

Step1：問いを書き出す

Step2：考えるべきことに順番を付ける

Step3：問いに対する答えを出す

Step4：「具体的には？」「なぜ？」で思考を深める

しまうものだ」

「うん、それは確かにそう。で、考えることが多すぎて、しかもどこまで考えたらいいのかも分からないし、あっちこっちに行って訳が分からなくなって…」。葵は数日前の自分を思い返す。

「その状況はすごく想像がつくなあ」。片澤がキッチンで笑った。

「何事にも準備が必要。だから最初にやるべきことは『考える』ではなく、『何について考えるのか』を整理することなんだ」

「考えるべきことを考えるの？」。分かるような気がするが、禅問答みたいな問いかけだ。「それで具体的にはどうすればいいの？」

「考えるべきことや疑問に思うことを箇条書きで書き出せばいい」

「疑問ね…」

「実際にやってみよう。西山課長から施策の検討を任されたわけだが、この状況で浮かんでくる疑問は何だ？」。父はペンをマイクに見立てて、葵に向けた。「はい、葵さん」

「え？　例えば、なんだろう？」。葵は頭におぼろげに浮かんだ疑問を口に出してみた。

「…請求書のフォーマットはどんなものがよいか？」

「そうそう。それが『考えるべきこと』になるんだ。そのままノートに書いてくれ」。父からペンを受け取る。ノートに頭に浮かんだ疑問を書き出す。

「請求書のフォーマットを考えるのに、参考にできるものはあるか？」

「うんうん。他には？」

「そもそも私一人でできるのかな？　めっちゃ不安…営業の柏さんとか巻き込めたらいいんだけど…。でも柏さんって面倒くさがりだから、こういうお願いは嫌がると思うのよね」。葵は柏の顔を思い浮かべてみた。のらりくらりと逃げられそうだ。

「うーん。やっぱり頼みづらいな。営業部長にしたほうがいいかな？　営業部長はこの取り組みに関心を持ってくれていそうだったし」。葵がブツブツ言い始めたところで、父が待ったをかけた。

「はい、ストップ！　今、中身を考え始めているのが分かるか？　考え始める前に『何について考えるべきか』を書き出したいんだよ」

「うっ、確かに。中身はまだ考えなくていいのね？」

「そう。私一人でできるか？　それだけ書いておけばいい。考える前に、何について考えるべきか整理する。これが大事だ」

「なるほど」と相づちを打ったのは、キッチンで話を聞いていた片澤のほうだ。下ごしらえの手を止めて、顔を葵のほうに向けている。

「思い付いたものから場当たり的に考え始めちゃうと、頭の中がごちゃごちゃしますよね。全部やりかけで、散らかった家みたいな」

（それ、私じゃん！）と葵は思った。身に覚えがありすぎる。洗濯物を畳んでいる途中で、床のホコリが気になり始めて掃除機をかけ始めたり。掃除機をかけていると、今度は棚の中のごちゃごちゃが気になって、片付けを始めたり。とにかく気になったものから手を付けてしまうのだ。結果、全部やりかけで中途半端になってしまうことがよくあった。

（そうか…そういうことだったのか。まずは考えることを整理して、それから一つずつ思考する。なるほどね）

「言われてみると、うまく思考できているときは、まず考えるべきことを頭の中で整理している気がしますね。さすがに書き出してはいないけど」

「そうだと思うよ。できる人は無意識のうちにやっているはずだ。それを今回は、意識的にやりたい」

「そうか…。なんとなくやるのと、意識的にやるのとでは大違いか」

「そういうこと。さて、他にはあるか？」。父の声で現実に引き戻される。

「あ、うーん…。あとは営業への説明はどうしようかな？、とか。お客さんへの説明はどうしようか？、かな」

疑問というか不安が、次々と浮かんでくる。父はノートをのぞき込むと、「ふむふむ。結構上がったね。他にもありそう？」と尋ねた。

「うーん。いくつか書き出してみたけど…。とっちらかっている感じがするのよねえ」。葵は天井をにらんでいたが、ふとノートに視線を落としてつぶやいた。

「全体の工程はどうなるんだろう？　手順というか、必要になるタスクっていうの？　何と何をやったら、プロジェクトが終わるのかが全然見えていないのかも！」

「よし、それもリストに追加しよう」。父が同意してくれた。これで書き出した、考えるべきことは六つになった。

「よし、これが『考えることリスト』になる」。父は大事なものを扱うように、両手を広げてノートを指し示した。「これらに答えが出たら、スッキリしそうな気がしないか？」

「確かに。これに答えが出れば、かなりいいかも」

「いいね。こんな風に浮かんでくる疑問が『考えるべきこと』になるんだ。疑問形で箇条書きにされるから、『答えるべき問い』なんて言い方もする」

「答えるべき問いか…。そんな風に考えたことはなかったかも」。葵はノートに並んだ問いをぼんやり眺めながら言った。

「繰り返しになるが、何について考えるべきかを整理できていないまま考え始めてしまうと、すぐに道に迷う。だから『答えるべき問い』を整理して、考えることの全体像を整えることが重要だ」

そう言われると、少し不思議な感覚だった。最初は「あ、これを考えなきゃ…。でもどうやっ

Step1：問いを書き出す

Q1：請求書のフォーマットはどんなものがよいか?

Q2：参考にできるフォーマットはあるか?

Q3：私１人でできるか?

Q4：営業への説明はどうするか?

Q5：顧客への説明はどうするか?

Q6：全体の工程はどうなるか?

て考えればいいんだろう？」とか、「こっちも考えないといけないの？」という感じだった。そうなると脳の容量オーバーで、考えるのを放棄したくなる。しかし書き出してみると、状況が少し変わった気がした。

「何ていうか、これを一つずつ考えていけばいいんだって気になってきて。ちょっと気持ちが楽になった気がする！」。葵の様子を見て、父は満足そうにうなずいた。

「そうそう。それが考えるための道筋を付けるってことにつながるんだ。思考を混乱させないためのステップなんだよ」。父の一言に、なんだか震えがきた。そのとき、キッチンにいる片澤が声を上げた。「なんかＴｏＤｏリストみたいですね」

片澤の声と一緒に、ニンニクとコショウのいい匂いがしてくる。

「料理はきちんと作業手順を整理してから取りかかりますよね。それが当たり前。でも思考になると、考える順番とか手順を整理しないうちに、なんとなく思考を始めちゃうんでしょうね」

言われてみれば、ＴｏＤｏリストや作業リストはよくつくるのに、考えるべきことをリストで整理する習慣はなかった。

「片澤君。その通りだね。ＴｏＤｏリストならぬ、Ｔｈｉｎｋリストってところかな」。この表現には、葵もピンときた。考えることを整理するためのＴｈｉｎｋリストだ。

「考える項目がリストアップできたら、次は考える順番を決めないといけない。料理だって、どの作業をどの順番で行うかが重要になるだろう？　同じように、思考にも順序がある。そこで二つ目のステップの出番だ」

【Ｓｔｅｐ２：考えるべきことに順番を付ける】

「次のステップは、どの順番で考えるのかを整理することだ。問いにも優先順位がある」。挙がった六つの問いを眺めてみると、確かに順番がありそうに思える。

「さて、どの問いから考え始めるべきだろうか？」

父に促されて、順番を考えてみる。

「例えば、『Ｑ６：全体の工程はどうなるか？』が最初かな。全体の工程が整理できたら、他にも考えるべきことが増えそうな気がする」

「そうだな。次はどれを考える？」

「えーっと、『Ｑ３：私一人でできるか？』かな。全体の流れが見えたら、考えられるかも！」

父は葵の話をノートに書き込んでいく。問いを並べ、矢印でつないでいく。一つの問いを考えたら、矢印の先にある問いに進むというイメージだ。

「あとは…。『Ｑ５：顧客への説明はどうするか？』を考えてから、『Ｑ４：営業への説明はどうするか？』かな、順番的には。それからＱ１はＱ２を考えた後だね」。父のノートに、思考のネットワーク工程表ができ上がっていった。

こうして図にすると、単なるリストだったときよりも、もう一段階頭が整理される。今回はまず、「Ｑ６：全体の工程はどうなるか？」という問いに答えを出せばいい。次の問いは、その後で考える。でも毎回、思考のネットワーク工程表を書くのはそれなりに大変そうだ。葵の心のつぶやきを見透かしたように、父が補足してくれた。

「今回は、基本を押さえる意味で、かなり丁寧に整理している。慣れてくれば、頭の中で整理するだけでもいいし、リストにした考えるべきことに順番を付けるだけでもいい」

考えるべき順番を整理できるなら、なんでもいいということらしい。面白いのは、問いを出した順番と考えるべき順番が、まるで違うことだ。最後に出したＱ６の問いが、最初に考えるべき問いになっている。

Step1：問いを書き出す

Q1：請求書のフォーマットはどんなものがよいか?

Q2：参考にできるフォーマットはあるか?

Q3：私１人でできるか?

Q4：営業への説明はどうするか?

Q5：顧客への説明はどうするか?

Q6：全体の工程はどうなるか?

Step2：考えるべきことに順番を付ける

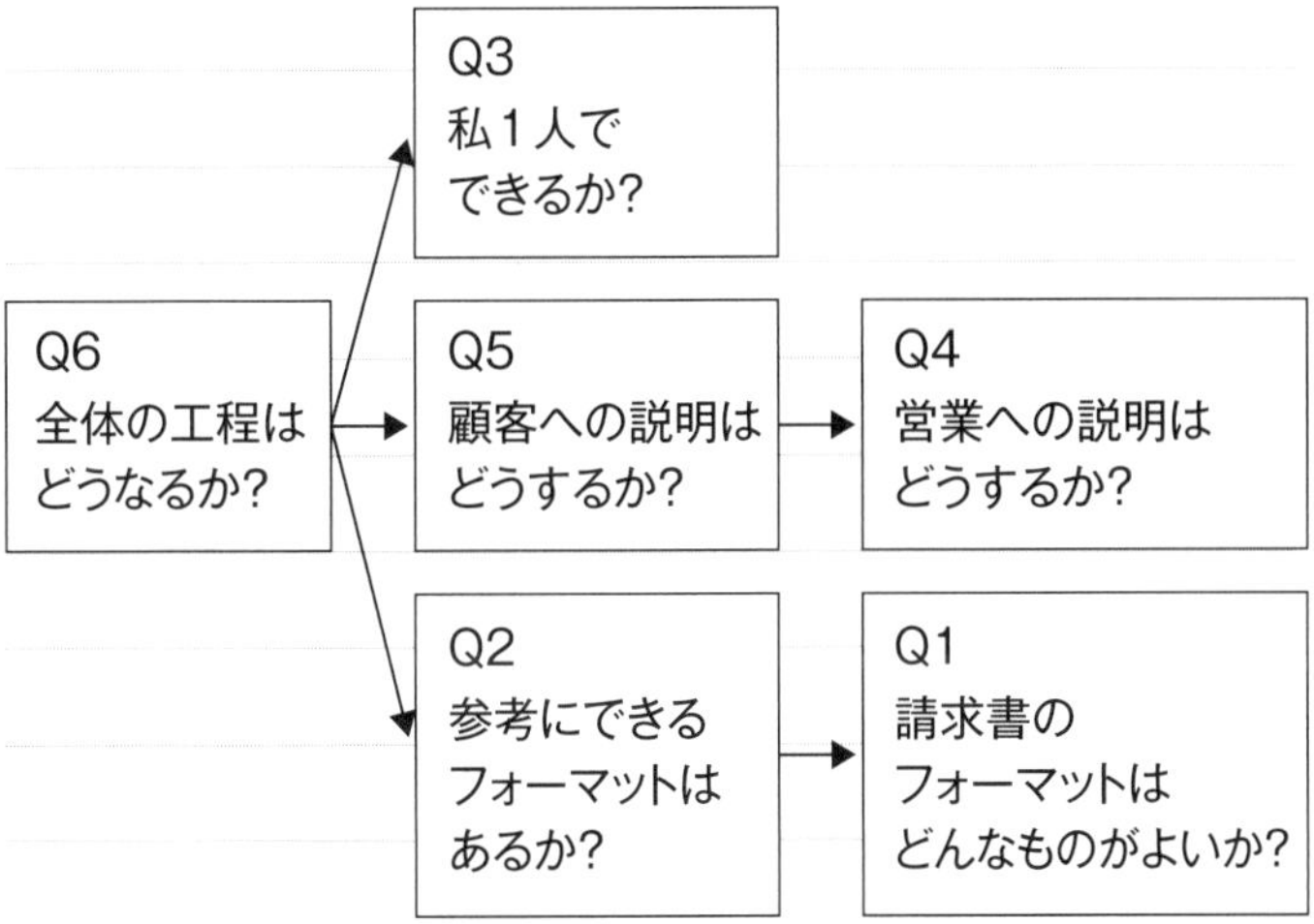

「私は思いついたそばから、考え始めちゃうけど…。それではうまくいかないわけね」
「そこがStep2の重要なところ。考える順番は非常に大事なんだ。さて、これで考えるべきことと考えるべき順番が整理できた。ここまでが、考えるための準備になる。つまり、『考えるための道筋を付ける』という作業だな」

「そうか！　まだ中身を考えていないんだ。すごい頭を使った気がするけど…」。葵は不思議な感覚だった。「準備しかしていないのに、既にスッキリした気がしている！」

「ははは。そうだろ？　準備がいかに大事かってことだ。会議のときも準備が大事だって話をしたよな。『Prep（プレップ）シート』で準備したけど、思考も同じだ。こうしてみると、普段どれだけいい加減に思考しているか分かる」
「ホントね…。全く準備をしないで、いきなり思考していたってわけか。そりゃ、混乱するわ」

【Step3：問いに対する答えを出す】
「やっとここからが、考える作業そのものになる。一つひとつの問いに対して、自分なりの答えを出すのがStep3だ」。父はノートに「Step3」と書き込みを増やした。

「答えを出す、か…」。葵はノートに書かれた文字を、声に出して読んでみた。

「そう。単にモヤモヤと悩んでいるのは思考じゃない。『問いに対して考えを巡らせ、答えを出す』という活動が思考なんだ。少なくともビジネスにおいてはね」

「答えを出す」。葵はもう一度、声に出してみた。言っていることは分からなくもない。(でも、答えが分からないから、困っているのよね…)。そんな心の声を素直に父にぶつけてみる。

「答えが分からない場合はどうしたらいいの?」。父はピクッと眉毛を動かした。「答えなんて、誰にも分からないんだよ」

「え?」

「前にも言ったが、学校のテストのように決まった『答え』なんてないし、誰も正解なんて持っていないんだ。だから一発で正解を書こうと思うと、筆が止まってしまう。多分こうかな?きっとこうなんじゃないか? そうやって仮の答えでいいから、とりあえず思いついたことを書いてみるんだ」

「でもそれが間違って…、いや、正解がないのは分かったけど、例えば二十点しか取れない答えだったら？　仮にとは言え、出した答えがメタメタだったら、さすがにまずいでしょ？」

「いや、それでも構わない。いきなり八十点の答えを出そうとすると、どうしても身動きが取れなくなる。そこで思考が止まって、単に悩んでいるだけの状態になってしまうんだ。それよりも二十点だろうが三十点だろうが、一度答えを書いてみる。すると次に進めるようになるんだ」

「ふーん…。そんなもんかな」

　難しいが、なんとなく分かった気もした。葵は「とにかくやってみよう」と、自分に言い聞かせるようにうなずいてみせた。父の「二十点でいい」という言葉に、強く背中を押された気がした。

（二十点でいいのよね…）

「このときポイントになるのは、書くことだ。頭に浮かんだことをそのまま紙に書きながら、考えてほしい」

「書き出しながら？」

「会議ファシリテーションのときにも同じ話をしたんだが、結局大事なのは『見える化』なんだよ」

以前、会議では「議論の見える化＝板書」が大事だと父に教わった（詳細は『世界で一番やさしい会議の教科書』を参照）。実践してみると、議論の流れが見えるようになるので、見える化は本当に効果的と痛感したものだ。

「議論の見える化ね。あれはホント大事」。葵はそんなことを思い出しながら同意する。

「でも、会議なら発言を書き出せばいいけど、考えるときは何を書き出せばいいの？」

「頭に浮かんだことを、そのまま書けばいい。問いを見て、そのときに頭に浮かんだ言葉を書くだけ」

「あ、そうか。結論を書くわけじゃないのね?!」。てっきり、問いに対する答えを書くものかと思った。

「もちろん、結論も書いてほしいんだけど、結論だけ書こうとすると手が止まってしまう。頭に浮かんだことをそのまま書いていくと、少なくとも思考の過程は目に見えるようになるぞ」

「分かった。やってみる。最初に考えるべきなのは、これね」

葵は「Q6：全体の工程はどうなるか？」の問いを指さした。

「こうやって問いを眺めていると、色々と思い浮ぶだろ？　頭に浮かんだことをそのまま書き出してみてくれ」。父からペンを受け取ると、葵は考えを巡らせ始めた。

「えーっと、『全体の工程はどうなるか？』だね。工程だから、タスクの順番よね。まず、①請求書のフォーマットを決めなければいけないでしょ。それから、②営業に説明しないとダメよね」

「いいぞ。どんどん書いて」。父に促され、ノートに書き出していく。

「新しくつくった請求書は、③誰かに承認をもらわないとダメでしょ。誰だろ？　営業部長かな？　経理にも確認しないとダメかも…」。ノートに書き込みが増えていく。

「はい、ストップ！」。父が介入してくる。「最初に『全体の工程はどうなるか？』という問いの答えを考えていたのに、今は『誰に承認をもらうか？』という新しい問いに思考が移ったのが分かるか？」

「確かに。全体の工程を考えていたのに、『誰に承認をもらうか？』という別の問いにすり替わっている…」

「思考の途中で、別の問いに思考が移ってしまう。これが思考が混乱する原因の一つなんだ。思考の脱線と言ってもいい」

「うっ…。私はよく脱線しているな…」

「こういうときは、新たに生まれた問い『誰に承認をもらうか？』をStep1で書き出したThinkリストに加えて、ひとまず横に置いておくのがいい」

「なるほど。でも結構難しいな…」。葵はそうつぶやきながら、「誰に承認をもらうべきか？」という問いをリストに書き足した。

「それで、全体の工程を考える作業に戻る」。父にガイドされ、先ほどの続きを考える。

「えーっと、他にはなんだろう。④お客さんへの説明とか、⑤統一作業とか。今考えつくのは、こんなもんかな…」。なんとか書き出しは完了したが、確かに自分の思考プロセスは見えた気がする。

「いいだろう。Ｓｔｅｐ３はこれで終了。どうだい？　自分の思考が文字で見えるようになると、だいぶ考えるのが楽になるだろ？　これが『理路整然と考える』ということなんだ」

確かに書きながら考えていると、迷子にはなりづらい気がした。頭だけで考えていると、さっき何を考えていたっけという状態に陥りやすくなる。

「傍から見ていても、面白いですね。葵の頭の中が見える気がして。ウチの部下もこれをやってくれたら、指導しやすいのにな」。いつの間にかダイニングに戻ってきていた片澤が口を挟む。オーブンの中に鶏肉と野菜が見えた。料理は焼きの工程に入ったらしい。

「そうだね。思考が見えるようになるだけで、かなり違うんだ」

（うっ、それはちょっと嫌だな…。片澤さんに、私が頭悪いのがバレちゃいそう）

葵はそう思ったが、でも土屋がこれをやってくれたら、どこで思考が止まっているのか分かりそうな気もした。

「これで完成？」

「いや。まだ答えを書き出しただけで、思考としては全く深みがないだろ？　もう一段、考え

Step3：問いに対する答えを出す

Q：全体の工程はどうなるか？

①まず請求書の形式を決める

②営業に説明する

③請求書の形式に承認をもらう

・誰に承認をもらうべきだろうか？
・営業部長？　経理？

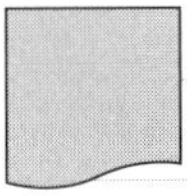

新たに
生まれた問いは
Thinkリストへ

④顧客に説明する

⑤統一作業をする

を深めるステップが必要だ」

「でしょうね」。片澤が笑いながら、素早くツッコミを入れる。

「まあ、そうですよね」。葵は頭をかいた。

【Step4：「具体的には？」「なぜ？」で思考を深める】

「最後のステップは書き出したものに対して、『具体的には？』と『なぜ？』の二つのキーワードを使って、考えを深めていくものだ」

「ほほー、なんかよく分からないけど、深まりそうな予感！」

「そのテキトウな相づちはいいから、実際にやってみよう。葵は手を動かして理解するタイプだからな」。父はノートに目を落とした。

「Step3のメモ書きを見ると、『①まず請求書の形式を決める』と書いてあるね。これは具体的にはどういうこと？」

「えーっと…。請求書として何がベストな形式なのかを決めるってことかな。請求書のファイル形式もエクセルなのか、それともワードか決めなきゃいけないし」

「なるほどね」

「あとは…、法的に問題ない形にする必要もあるかな？　ちょっと自信がないけど」

「いいね。それをそのまま書いてくれ。常に書き出しながら考えよう」。葵はノートに、今のつぶやきを書き込んだ。

「具体的には？と質問すると、『①請求書の形式を決める』というボヤッとした内容が少し明確になるだろ？　『①請求書の形式を決める』という工程は、請求書としてベストな形を決める、データのファイル形式を決める、法的に問題ない形にする、の三つの要素で成り立っていることが分かったわけだから」。ノートを指さしながら、父は葵と片澤の表情を確認する。

「確かに！」。二人はそろってうなずく。

「こんな感じで進めるんだ。次にいくぞ。『②営業に説明する』だね。これはなぜ必要だと思った？」

「なぜって、ちゃんと使ってもらうには説明が必要かなって。あとから、請求書の標準形式なんて存在も知らなかったとか言われかねないし」。父に質問されて、なんとか考えながら葵は答える。

Step4：「具体的には?」「なぜ?」で思考を深める

◆具体的には?

・何がベストな形式なのか決める

・ファイル形式（ExcelかWordか）を決める

・法的に問題ない形にする

Step3：問いに対する答えを出す

Q：全体の工程はどうなるか?

①まず請求書の形式を決める

②営業に説明する

③請求書の形式に承認をもらう

・誰に承認をもらうべきだろうか?

・営業部長?　経理?

④顧客に説明する

⑤統一作業をする

「なるほど。じゃあ、説明するって、具体的にはどんなイメージ？」。父は『具体的には？』と『なぜ？』を交互に繰り出してくる。改めてそう聞かれると、考えが進む気がする。

「うーん、具体的にか。説明会を開く感じかな。あ、でも事前に部長とか偉い人に話しておいて、味方になってもらったほうがいいかもな。トップダウンで号令をかけてもらわないと、浸透しなさそうだし」

「確かにな」

「あー、ということは、二段階に分けて説明会を開く感じなのかも…」。葵は父の質問に対して、ブツブツ言いながらもノートに書き込みを増やしていく。

「いいねえ。事前に部長に説明して、その後、営業向けに説明会を開くんだな。二段階必要だったのか。ちゃんと考えているね」。片澤が褒めてくれる。

「私もそこまでイメージしていたわけじゃないんだけど、お父さんに質問されて考えていくうちに、自然と出てきたっていうか…」

不思議な感覚だった。少し前まで、何をどう考えたらいいのか分からなくてモヤモヤしていたのに、今はとてもスッキリしている。父に問いかけられて、考えを書いているだけなのに、自然に考えがまとまっていく感じだ。

「これが考えを深めるステップなんだよ。次は『③請求書の形式に承認をもらう』だけど、さっき少し考えたし、『誰に承認をもらうべきか？』という問いが別に出てきたから、一旦これでいいかな」

「うん」

「じゃあ、『④お客さんに説明する』にいってみよう。これは具体的には、どんなイメージだ？」

「うーん。実はこれがよく分からないのよね…。書いてはみたものの、これは本当に必要なのかな？」。葵は「なんでこれを書いたんだろう？」と独り言を言いながら、考えを巡らせる。

「説明会を開くんじゃなくて…、営業が個別にお客さんに説明しに行くのかな。『この形式に変わりました』って。お客さんにそう伝えれば、十分な気もしてきたな」。考えてはみたものの、うまくまとまらない。気付けば、葵のペンが止まっていた。

「ほら、今のを書いて」。父がすかさず、ツッコミを入れる。

Step4：「具体的には?」「なぜ?」で思考を深める

◆具体的には?
・何がベストな形式なのか決める
・ファイル形式（ExcelかWordか）を決める
・法的に問題ない形にする

◆なぜ?
・ちゃんと使ってもらうために
・説明しておかないと「存在を知らない」とか言われそう
◆具体的には?
・説明会を開く
・事前に部長に説明して、トップダウンで働きかけてもらう
・部長向けと営業向けの２回に分けて実施するか?

Step3：問いに対する答えを出す

Q：全体の工程はどうなるか？

①まず請求書の形式を決める

②営業に説明する

③請求書の形式に承認をもらう

・誰に承認をもらうべきだろうか？

・営業部長？　経理？

④顧客に説明する

⑤統一作業をする

「今みたいに悩み始めると、ペンが止まってしまうんだけど、そういうときこそ書き出してほしい。モヤモヤしていることを書き出すことで、自分の脳内を客観視できるようになるんだ」。葵はうなずきながら、なんとか書き込みを増やしていく。

「それでも分からなければ、それで構わないよ。お客さんへの説明が必要なのかどうか、営業に聞いちゃえばいいじゃないか」

「え？　いいの？」

「聞いちゃダメなんてルールはないだろ？　分かる人に頼ればいいじゃないか。その真面目すぎる性格は、誰に似たんだ？」。父がおかしそうにしている。

「そういう感覚はなかったかも…。分からないことは、分からないでいいのね。なんとか自分で考えなきゃって思っていた…」。父はニヤリとすると、「むしろ積極的に、人の力を借りれるようになると、考える力は上がるぞ。外付けのロケットブースターが付くようなもんだな」と説明してくれた。

「ただし、頼るにしても、何を教えてほしいのかがはっきりしていないと、頼りようがない。

頼れる状態まで思考を整理するのは、葵の役目だ」

「確かにね。ここまで整理できていれば、柏さんに相談できるかな」

「ところで、なぜ『④お客さんに説明する』が必要だと思ったんだ？」

「えっとね。請求書に触れるのは営業とお客さんだから、両方に説明が必要なのかなと思ったの。請求書の形式を指定してきたお客さんには特に説明しておかないと、『なんで変わったの？』って言われそうだし」。そう言ってから、葵は首をひねった。

「あれ？　だとすると、指定してきていないお客さんには、説明不要かも。請求書の形式なんて気にしていないだろうし」

「そうかもしれないな。それも合わせて、営業に相談すればいいんじゃないか？」

（確かにそうだ！　そういうことか）。葵はなんとなく、二つの問いかけを使う感覚が分かってきた。

　ノートには葵の思考の跡が、ありありと転写されている。ほんの数分考えただけなのに、結構な情報量だ。逆に言えば、普段はこれだけの情報量を頭の中だけで処理しようとしているわ

Step4：「具体的には?」「なぜ?」で思考を深める

◆具体的には?

・何がベストな形式なのか決める

・ファイル形式（ExcelかWordか）を決める

・法的に問題ない形にする

◆なぜ?

・ちゃんと使ってもらうために

・説明しておかないと「存在を知らない」とか言われそう

◆具体的には?

・説明会を開く

・事前に部長に説明して、トップダウンで働きかけてもらう

・部長向けと営業向けの２回に分けて実施するか?

◆具体的には?

・よく分からない、これは必要か?

・営業から個別に説明？

→営業に直接確認！

◆なぜ?

・請求書に触れるのは、営業とお客さんだから

・形式を指定してきたお客さんには、特に説明が必要

・指定していないお客さんには説明不要？

→営業に確認！

Step3：問いに対する答えを出す

Q：全体の工程はどうなるか？

①まず請求書の形式を決める

②営業に説明する

③請求書の形式に承認をもらう

・誰に承認をもらうべきだろうか？

・営業部長？　経理？

④顧客に説明する

⑤統一作業をする

けか。混乱しないほうが不思議である。

「だいぶつかめてきたか？　最後は『⑤統一作業をする』だな。父さんは黙っておくよ。自分で考えを深めてみようか。それにしても、これはまた、いい感じにボヤッとした意味不明な単語だな。例題にはもってこいだ」。父が笑う。

「黙っているんでしょ、もう！　うーん。具体的には統一作業ってなんだろう？」。葵は自分で自分に問いかける。

「そう、その調子」

「うーん。請求書の発行をシステム化するかもしれないじゃない？　だからシステムへの入力と出力の作業、それから実際に請求書をお客さんに届けるまでの仕事の流れをつくらないといけないなと思ったの」。葵は額に手を当てながら、ノートに自分の考えを書き込む。自分に問いかけては、ぶつぶつつぶやいて、ノートに書く。そしてまた考える。結構忙しい。

「そうか、『業務の流れを設計する』ってことか…」。独り言の中に新たな気付きが出てくる。

「あとは、いつからやるかとか、期日を決めないといけないな。『期限を決める』って話もあるよね。そういう意味だと、統一作業と書いたけれど、二種類あるのかも」。まるでもう一人の自分と対話しているかのようだ。

「なるほど。統一作業って、そういう意味だったのか！」。父が隣でニヤニヤしているが、こうしてみると確かに最初の言語化は酷い。とはいえ、最初は意味不明だった言葉も、Ｓｔｅｐ４で思考を深めたことで、明らかに磨かれている。段階的に答えの精度を高めていくという意味が、少し分かった気がした。

「よし、こんなもんかな。とてもいいよ。二つのキーワードを使って自問自答することで、頭から新たな考えが引っ張り出される気がしただろ？」

「うん、そうかも。もともとは単発でしか考えていない感じだったけど。一つの軸から考えていくことで、つながりが出てきて…。幹から枝に思考が分かれて伸びていく感覚っていうか…。なんかすごい感じ！」。表現力が乏しい葵の感想に父は笑いながらも、親指を立ててくれた。ＯＫサインだ。

（この感覚が考えるってことなのか）。葵が感激していると、横から片澤が冷静な質問をぶつ

Step4：「具体的には?」「なぜ?」で思考を深める

◆具体的には?
・何がベストな形式なのか決める
・ファイル形式（ExcelかWordか）を決める
・法的に問題ない形にする

◆なぜ?
・ちゃんと使ってもらうために
・説明しておかないと「存在を知らない」とか言われそう
◆具体的には?
・説明会を開く
・事前に部長に説明して、トップダウンで働きかけてもらう
・部長向けと営業向けの２回に分けて実施するか?

◆具体的には?
・よく分からない、これは必要か?
・営業から個別に説明?
→営業に直接確認!
◆なぜ?
・請求書に触れるのは、営業とお客さんだから
・形式を指定してきたお客さんには、特に説明が必要
・指定していないお客さんには説明不要?
→営業に確認!

◆具体的には?
・システム化した業務の流れを設計したい
・期日も決めたい
・2つあるのか・・・
①業務の流れを設計する
②運用開始の期日を決める

Step3：問いに対する答えを出す

Q：全体の工程はどうなるか?

①まず請求書の形式を決める

②営業に説明する

③請求書の形式に承認をもらう
・誰に承認をもらうべきだろうか?
・営業部長?　経理?

④顧客に説明する

⑤統一作業をする

けてきた。

「『具体的には？』と『なぜ？』の問いかけは、シンプルだけどめちゃくちゃ使い勝手がいいワードですね。それで一つ質問なんですが、具体的にはとなぜは、どう使い分けているんですか？」。もっともな疑問である。

「具体的には？」で解像度を上げる

父はその質問を待っていたと言わんばかりに、「思考の解像度を上げるときに『具体的には？』を使うんだよ」と答えた。

「解像度って、どういうことですか？」

「さっきの例でいうと、『統一作業をする』ってぼやっとしていて、分かるような分からないような言葉だろ？　画素数の少ない写真、解像度の低いぼやけた写真のようなイメージだ」

「悪かったわね…」。葵は口をとがらせる。

「ははは。いや、いい例だよ。解像度が低い言葉を使っていると、考えた気になってしまい、思考が深まらないんだ。実際、『統一作業をする』は二つの要素に分解されることが分かっただろ？」。ピシッと立てた二本の指が左右に揺れる。

「まあ、確かに…」

「ぼやっとした言葉を使ってしまうのは仕方ないんだが、そのままにするのも良くない。そんなときに『具体的には？』と自問できれば、強制的に解像度を上げられるんだ」

「そうなのよね。具体的にはって聞かれると、なんか考えられるの！　不思議だけど」

「認知のときに話したことに似ているよ。認知は他人が発した言葉に対して解像度を上げようとしているんだ。それに対して今回は、自分の思考の解像度を上げる動きをしているわけ。やってることは、実は同じなんだよ」。父は「うんうん」と自分でうなずき、そのまま続けた。

「最近のビジネスパーソンは、欧米生まれの横文字に踊らされすぎている。営業の領域だけでも毎年、新しいキーワードが出てくるだろ。そして、よく考えもせずに飛びつくんだよ、日本人は。あれは本当に良くない！　マーケティングオートメーションだ、カスタマージャーニーだと言うのは結構だが、その言葉をどれだけ具体的にとらえているのか！」。父がヒートアップしてきた。

そんなとき、父は必ず何かをこぼす。（コーヒーが危ない…）。葵がそう思ったとき、片澤がそっとコーヒーカップを安全な場所に避難させた。（ナイス、片澤さん！）

父はそんなことには気付くわけもなく、持論を展開する。

「思考が粗い！　そのうえ理解が浅い！　そんなことだから、日本のビジネスはダメになるんだ！　いい加減に自分の頭で考えて～」と言いかけたところで、父は俊介の視線に気が付いた。珍しいものでも見るかのような眼差し。母がそっと、父の背中をなでて落ち着かせた。

「久しぶりにお父さんの熱弁を聞いたな。とても共感します！　僕も耳が痛いです」。片澤はそう言って笑ったが、単なるフォローではなく、実際そう感じていた。

次から次へと新しい概念が生まれ、毎回それに踊らされている。企業がコストと時間をかけて取り組み、成果が上がらないうちにまた新しい言葉が出てくる。成果が上がっていないから、次の横文字にまた飛びつく。そんな悪循環が起こっているのだろう。この現象は思考力と密接に関わっているのかもしれない。

「なぜ？」で論理を通す

「その話は置いといて、『なぜ？』はどんなときに使うの？」

「これは論理を通すときに使うワードだ。どうしてその考えに至ったのか、考えた背景をはっきりさせるための問いかけだ」。葵は先ほどまでのやり取りを思い返していた。

「考えた背景か…。私が『お客さんに説明する』と言ったとき、聞き返されたじゃない？　なぜ？って」

「ここの話だな」。父がノートを指さす。

「そう。お客さんへの説明は、普通に考えたらやって当然でしょって思って。でも改めて『なぜ必要なの？』と聞かれたら、頭が動いた感じがしたんだよね」。父は黙ったまま、話の続きを促す。

「それで、なぜ必要だと思ったんだろうと考え直して…。そしたら、いくつか理由が出てきて…。よく考えたら、お客さんへの説明が必要なケースと不要なケースがあった」。葵は両手でこめかみを押さえながら、話を続ける。

「きっと、このまま営業に『お客さんへの説明が必要です』と言っていたら、逆に『なぜ？』と聞かれて、その場で困っていたと思う。なぜと問いかけることで、人にも説明しやすくなるのかな」

「素晴らしい気付きだ。思考に論理が通っていないと、説得力がなくなってしまうんだ。『なんとなく、そう思ったんで』なんて言えないだろ。だから『なぜ？』という投げかけが大事になるんだよ」。

葵はうーんと深いうなり声を上げた。父に教えてもらっていることは、基本的にどれも知っていることばかりだ。キラキラした横文字ワードでもないし、目からウロコの必殺技でもない。全く新しい概念でもない。しかし、ここまできれいに整理されると、世界が全く違って見えた。

まとめ：思考の４つのＳｔｅｐ

「思考の４つのＳｔｅｐは、これで完了だ。こんな感じで進めていけば、初めてのことでも考えられるようになるはずだ」

「そんなに簡単じゃないけど…。でも、なんの取っかかりもなく、無理やり考えようとしていた状態よりはずっといいな。4つのStepに乗っかれば、少なくてもオーバーヒートして、考えるのを放棄することはなくなりそう」。葵は笑いながら言った。

ほっと一息入れると、いい香りがしてきた。オーブンから漂ってくるローズマリーとニンニクの匂いだ。ジューと肉が焼ける音も。

「片澤君、いい香りじゃないかあ。お腹減ってきたよ」

「あと数分で焼き上がります。今日は鶏肉のローズマリーと塩麹《こうじ》焼きです。肉を漬け込んで、野菜と一緒にオーブンに入れるだけなんですけどね」。片澤は謙遜しながらも、何だかうれしそうだ。

「野菜なんて、ただの素焼きですけど、軽く塩を振って食べたら最高ですよ」

葵は何度か食べているが、確かにおいしかった。下ごしらえもほんの数分。高級食材も高い調理器具も使っていない。それでも、ちょっとしたコツを押さえて料理するだけで、食材の力をうまく引き出せる。思考も一緒なのかもしれない。葵がそんなことを考えていると、父がノートに今日のまとめを書き始めた。

「あと数分で焼けるなら、こっちも早く終わらせないとな。さあ、最後にそれぞれのステップのポイントを確認しておこうか。ざっとまとめると、こんな感じかな」

複雑な話だったから、こういうまとめはありがたい。

「Ｓｔｅｐ４まで終わったら、再びＳｔｅｐ２に戻って、次の『答えるべき問い』を選ぶ。こんな風にグルグルと４つのＳｔｅｐを回すのが思考するってことなんだ」

「そうね。考えることはまだたくさん残っているもんね」。葵は思わず頭を抱えた。

それを見て、片澤が横で笑った。「でもさ、この構造が分かっていれば、どこでつまずいているかが分かるよね」

「そうなんだ。つまずいている箇所によっても特徴が出る。例えば、Ｓｔｅｐ１ができていないと、考えるべきことが整理できていないわけだから、『こいつ、混乱していないか？』と思われる。Ｓｔｅｐ４ができていないと、考えが深まらないので、『思考が浅いなあ』とみなされる」

（確かに土屋君は混乱しているし、浅い感じだなあ）。こういうときには必ず、土屋を思い出

■思考の4つのStep

Step1：問いを書き出す

・疑問形で問いを書き出し、「Thinkリスト（問いリスト）」をつくる

・リストができると、頭が整理される

Step2：考えるべきことに順番を付ける

・考える順番はとても大事

・他の問いの前提になるものは、優先度が高くなる

Step3：問いに対する答えを出す

・答えに自信がなくても構わない。「たぶん」「きっと」でよい

・頭に浮かんだことを逐一書き出す。書き出せば、思考の迷子が減る

Step4：「具体的には？」「なぜ？」で思考を深める

・「具体的には？」で解像度を上げる

・「なぜ？」で論理を通す

してしまう。

「Ｓｔｅｐ４は、本を読んで感想を聞いたときなんかには、如実に差が出るかな」

「あ、こないだ土屋君に本を読んでおいてと、お願いしたところだ！」

「それは土屋君の反応が楽しみだな。本を読んだ感想を聞くだろ？　するとＳｔｅｐ４が弱い人は大抵、『面白かったです！　勉強になりました！』って言うんだよ」。いかにも土屋が言いそうなセリフだ。でも葵自身も言いそうだなと思って、苦笑いする。

「勉強になりましたは、どんな状況でも使えるセリフだろ？　ぼやっとした抽象度が高い発言なんだ。そんなときこそ、『具体的には？』とか、『なぜそう思ったの？』と質問して深めてあげればいい」。片澤が「なるほど」と手を打った。

「もし、つっちーが『勉強になりました。具体的には〇〇の部分が今の業務の××に生かせる気がしまして』と返してきたら、こいつ考えているなと思うよ」

「確かに！　土屋君がそんなこと言ってきたら、頭打ったのかなって思うかも」。葵が声を上げて笑う。「具体的にはとなぜの二つの問いかけは、すごい便利なのね」

「じゃあ、そろそろ、こっちもビールとワインの二つでディナーにしますか」。片澤が右手でグラスを持つ素振りをした。

「そうしよう」。父が今日はこれでおしまいと言わんばかりに、パンと手を打った。

「ありがとう。試してみるね。残りの問いを考えてみて…。土屋君にも本の感想を聞いてみよう」と、葵が笑った。気が付けば、もうだいぶいい時間だ。外はきれいな夕焼けで、空が赤く染まっている。

片澤がオーブンから鶏肉を取り出し、ダイニングテーブルの真ん中に置いた。麹に漬け込んだ鶏肉を囲むように、アスパラガスやパプリカ、玉ねぎなどの野菜がちりばめられ、おいしそうな香りが立ち上っている。片澤が手際よく肉を切り分けて、各自の皿に盛り付けていく。テーブルは一気に華やかになった。カシュっと、ビールが開く音も聞こえてくる。

「じゃあ、始めますか！　お父さん、今日は講義ありがとうございました。お母さん、俊介の面倒見てくれて、ありがとうございます。かんぱーい！」

片澤の素朴な疑問

子供が小さいうちは、食事が大変だ。俊介が食べ終わった後、ようやく自分の食事にありつける。息子が一人で食べられるようになるまで、まだまだ時間がかかりそうだ。

今日は母が俊介の食事を手伝ってくれているので、葵はつかの間の開放感を味わうことができた。葵が両親のありがたさをかみ締めている横で、片澤はまだ、思考の話が気になっているようだ。

「ところで、お父さん。さっきの話の続きなんですけど」。みんながひとしきり胃袋を満たしたのを確認して、片澤が切り出した。

「いくつか質問してもいいですか？　機会をうかがっていたんですよ」

「もちろん」。父はビールを飲みながら答える。

【Q：Step1の問いを書き出すは難しくないか】

「Ｓｔｅｐ１で『答えるべき問い』を書き出しますが、あれは結構難しくないですか？　さっきはサラっと次のステップにいきましたけど。あの時点でつまずく人が多そうで…」

「私もそう思った」

「だよな？　たぶん、頭に浮かんだ疑問を単に書き出すことはできると思うんです。でも、これで十分かな？　質のいい問いを出せているかな？という観点からすると自信がなくて。そういう人向けの対策はありますか？」

父はあごに手をやって少し考えてから、「三つ選択肢があるかな」と答えた。

「一つ目は、問いを書き出した時点で、誰かに見てもらうことだ。葵なら、西山課長に見てもらえばいい。『答えるべき問い』は、ビジネス経験が豊富な人のほうが出しやすい。過去にこんなケースがあったな、今回はこんなことで困りそうだな、という想像力が働くからね。だから、自分よりも経験豊かな人を捕まえて、問いに抜け・漏れがないか聞いてみるといい」

「なるほど…」。片澤は自分のチームを考えていた。後輩が問いを書き出して、自分に見せに来るシーンを想像してみる。その段階で抜けている視点をアドバイスできそうな気がした。

「二つ目は『定番の問い』を参考にすることかな」

「定番の問い？　そんな便利なものがあるの?!」。葵が目を光らせる。

「万能ではないけどな。ビジネスシーンでよく使う『考えるべき問い』はある程度、類型化できるんだよ。もちろん、それで十分というわけではないが、定番の問いを押さえておけば、大外しはなくなる」。父はパソコンを取り出して資料を探し、『シーン別の定番の問い』というスライドを見せてくれた。


問題解決について思考する場合、毎回この定番の問いをヒントにすればいいらしい。これは便利そうだ。


「三つ目は、世の中に数あるフレームワークをヒントにすることかな。例えば、3Cやマーケティングの4P、AIDMA（アイドマ）、バリューチェーンとかね。言い出すとキリがないが、これらを眺めて問いを立てるヒントを得ればいい」

「フレームワークが問いのヒントになるの？」

「例えば、請求書を標準化したときに影響が出そうな工程は、バリューチェーンで考えるとどこか、という問いを出すとかね」

■シーン別の定番の問い

【議論のリードにおける定番の問い】

①「ゴール」はなんだ？
- 何のためにやっているんだっけ？
- どうなったら、ゴールなんだっけ？

②「論点」はなんだ？
- 何を決めたいんだっけ？
- それって、ゴール達成のために必要なのかな？

③「ゴールまでの道筋」は？
- 全体の流れはどうなるのか？
- この流れで検討したら、ゴールに到達できるのか？

④「必要な情報」は？
- この論点に結論を出すため、何が必要か？
- 何がそろえば決められるか？

【作業設計の定番の問い】

①「ゴール」はなんだ？
- どんな状態になったら、作業完了？
- 何のためにやっているんだっけ？

②「タスク」はなんだ？
- ゴールに到達するため、何が必要か？
- そのタスクで、何をするのか？

③「INPUT、OUTPUT」は？
- そのタスクのアウトプットは、具体的に何か？
- そのタスクに必要なインプットは何か？

④「ゴールまでの道筋」は？
- タスクの前後関係、つながりはどうなるか？
- 全体の流れはどうなるのか？

【調査・調べもの】

①「ゴール」はなんだ？
- 何が分からない？
- 何が分かったら、調査完了？

②「タスク」はなんだ？
- どう調べるか？
- どのくらい時間をかけるか？

③「OUTPUT」はなんだ？
- 結果をどうまとめるか？
- 結果はどう使われるのか？

【報告・相談】

①「ゴール」はなんだ？
- 相手は何を知りたい？
- 相手にどうなってほしい？

②「相手の状態」は？
- 相手は何を知らない？
- 相手は何を知っている？

③「ゴールまでの道筋」は？
- どの順番で何を伝えるか？

「なるほど。営業活動だけじゃなく、調達やアフターフォローにも影響があるかもしれないですしね」

「そう。あとは『改革のテコとECRSの原則』というフレームワークもあるかな。ちょっと待てよ」。父はまたパソコンをたたき始めた。

「これだ。『何を変えるか?』×『どう変えるか?』というフレームワークなんだけど、こういうのも問いを考えるヒントにはなるよな」

「ふーん。フレームワークって、これに沿って穴埋めしながら考えるものだと思っていたけど、ちょっと違うのね」

「そうだな。フレームワークに沿って考えるんじゃない。考えるべきことに抜け・漏れがないかを確認するために、フレームワークを使うんだ」

「そうか。フレームワークって使う機会が全然ないなと思っていたんですが…。こういう使い方をすればいいのか。自分を含めて、勘違いしているビジネスパーソンは多そうですね」と片澤。

父は「あくまでも私の持論だよ。フレームワーク好きな人には、怒られそうだけど」と笑った。「定番の問いも同じ。自分で問いを考えてから、定番の問いを眺めて抜け・漏れがないかを確認したほうがいい。いずれにしても、問いを出すパートは、慣れと経験が大きい。だからどんどん問いを出す経験をしたほうがいい」

「言われてみると、意識的に問いを出すって、やったことがないですね。いつもなんとなく、気になったことから考え始めてしまうけれど、質の高い問いを最初にリストアップできるようになると、それだけで思考力が一段上がる気がします」

（問いが思考力を決めるのか……。なんか深い！）

【Q：Step3はどう鍛えるか】

「私も聞きたいんだけど……」。今度は葵が質問を投げかける。

「Step3で、問いに対する答えを書き出すわけだけど、たぶん私はこれが苦手」

「ああ、分かる気がする」。片澤が同意する。

■改革のテコとECRSの原則

改革のテコ（何を変えるか？）	×	ECRSの原則（どう変えるか？）
●顧客、マーケット ●製品、サービス ●組織、役割 ●ルール（制度・規約など） ●業務プロセス ●人材、スキル、報酬 ●設備 ●情報システム（IT）、ツール ●カルチャー、マインド　など	×	●E：Eliminate（排除）、なくせないか ●C：Combine（結合）、一緒にできないか（組織横断化、共有化） ●R：Rearrange（交換）、順序の変更ができないか、同時並行にできないか ●S：Simplify（簡素化）、単純化、標準化できないか

「今日はお父さんにめっちゃ急かされたから書けたけど、一人でやったらきっとあれこれ考えちゃって…仮でいいって言われても、どうしても手が止まっちゃう気がするのよね」。父は空いたグラスにビールをつぎながらニヤリとする。

「俗に言う、思考の瞬発力がないタイプだな。アウトプットの質にこだわってしまい、ダラダラ考えてしまう。葵に限らず、そういう人は多いよ」。葵はしかめっ面をする。悔しいが、当たっているだけに何も言えない。

「でも、これは鍛えられるぞ。例えば、一問十秒くらいで考える訓練をすればいいんだ。無理やり締め切りを設けて、制約をかける。十秒だから、質が悪くても仕方ない。そうやって心理的なハードルを下げて、答えを出す訓練をするといい」

「制約か…。十秒で切って、無理やりにでも答えを書いてみるってことね…」

「そうだ。出した答えがイマイチでも、そこから磨いていけばいいんだから、何も恐れることはない」。後工程にStep4が控えているわけだし、ひとまず十秒で考えてしまうのはありかもなと、葵はぼんやり思った。

【Q：Step4が思考の肝】

気が付けば、もうすっかりビールは空になっている。それを見た葵は「ワイン、開けちゃう？　飲むよね？」と確認してから、ワインを取り出す。葵はワインを開けながら、「お父さんは毎回、Step1～4を丁寧にやっているの？」と尋ねた。

「うーん。正直、いい加減なときもあるよ」。父が応じる。

「慣れてくれば、そうなりますよね」と片澤が同意する。

「でも、考えることが複雑だったり、少し迷ったりしたときは、必ず各ステップの基本に立ち戻る。やっぱり、基本に忠実にやればスパッといくからね」

父のような百戦錬磨のビジネスパーソンでもそうなのだとしたら、葵が基本動作をサボってうまくいくはずがない。

「ポイントになるのは、Step4かな。他の三つはある程度はしょっても、Step4だけは手を抜かない」

「どうして？」。葵は片澤のグラスにワインを注ぎながら、父を見た。

「Ｓｔｅｐ４はサボろうと思えば、サボれるんだよ。Ｓｔｅｐ１からＳｔｅｐ３までやれば、一応答えが出るからな。そこで満足することもできる。でも、『具体的には？』『なぜ？』の問いかけをサボると、思考の粗悪品を量産することになる。さっきの話でいえば、十秒で考えた答えがそのまま外に出ていくことになるわけだ」

（ううっ…、それはまずい）

「逆にＳｔｅｐ４をサボらなければ、ある程度は良い思考ができる。思考力が高い人は息をするように、自然にＳｔｅｐ４の問いかけをしているものさ」

「味見を忘れた料理みたいなもんですかね」。片澤がグラスを傾けながら言った。

「最後に味見をして、塩や胡椒の加減を調整しますが、それをしなくても、料理は完成しますもんね」。片澤の面白い例えに、父は微笑んだ。

「なるほどねえ！　そうかもしれない。今日の料理は塩加減がばっちり決まっていて、めちゃくちゃおいしかった。最後のひと手間をサボらなかったからか」。それを聞いて、片澤もうれしそうだ。

（思考って、料理に似ているのかな。しっかり段取りをして、手順に気を付けて、つくったら最後に確認、調整か）。なんだか腑に落ちた気がした。

（今まではレシピも見ず、手当たり次第に材料を切って炒めて、皿に載せていたってことか。それではいい料理にならないよな。思考も同じか。ホント、反省…。くう！）

葵がすごいしかめっ面をしているのを見て、「どうした？」と片澤が驚いている。

「なんでもない！　今日は飲むぞ〜」

こうして片澤家と鈴川家の夜は、ゆっくりと更けていく。

実践編：「思考する」を現場で試す

父の講義から数週間が過ぎた。西山から振られた請求書の標準化の仕事は、なんとか前進していた。思考の4つのＳｔｅｐはゆっくりではあるが、確実に葵の考えをまとめてくれていた。

これまでは漠然と「考えなきゃ…、でもどうやって？」という状態だったものが、４つのＳｔｅｐに分解したことで、前に進めやすくなった。問いを書き出し、自分なりの答えを書いて、深める。これだけでも、着実に前に進む。

自分だけではない。土屋への接し方にも変化が表れた。例の「課題図書」のやり取りだ。今回のプロジェクトで参考になる部分があるかもしれないので、営業改革の本を読んでもらった。葵は定例会の直後に、「例の本は読み終わった？」と土屋に声をかけた。さて、どんなリアクションが返ってくるか。


「あー、読み終わりましたよ」。土屋の返答に早速、嫌な予感がする。

「で、どうだった？」

「そうっすね…、勉強になりました！」

（ぶっ！　来た、来た！　やっぱり…）。葵は思わず笑ってしまった。

「なんすかー、鈴川さん。なんで笑うんですか！　読んでいないと思っているんでしょ？　僕、ちゃんと読みましたよ」

「いやいや、ごめん。それは疑っていないよ」

（土屋君の反応が予想通りすぎて、ほんとウケちゃう。これは思考の4つのStepを試す絶好のチャンス！　面白くなってきたぞー）。葵のニヤニヤが止まらない。

「勉強になったのね。そうか…うぷぷっ」。笑いを堪えようにも漏れてしまう。

「ぐ、具体的には、どんな風に勉強になったの？」。なんとか真面目な表情をつくる葵。

「えっと…、請求書の標準化について書いてあって…。その辺りが参考になりましたね」。土屋はなぜか、満足げな顔をしている。

（その辺りって、どの辺りよ！　いや、まだまだ。次の問いかけ…）

「それで？　標準化の話が書いてあったんでしょ？　具体的にはどう参考になったの？」。さらに質問を重ねる。思考の解像度がまだまだ粗い。

「えーっと、なんだったかな。すぐには出てこないんですけど、なんかいいなって思ったことがあったんですよね、すみません」。なんだったかなあと、土屋は角刈り気味の頭をさすりながらうなる。

（そうきたか。でもちょっとは考えようとしている気がするな。いきなりすぎたかかな？　じゃあ……)

「何か、いいなと思える内容があったわけね」

「ありました、ありました！　すぐには思い出せないっすけど」。なんとも土屋らしい、あけっぴろげなセリフだ。


「土屋君、二つの質問をするからメモってくれる？」。葵は二本指を立てた。

「え？　なんすか？」と言いながらも、土屋はノートを取り出す。

「いい？　一つ目は『本を読んで新たに発見したことは何か？』」。ノートに書き込む土屋。

「二つ目は『このプロジェクトに生かせそうなことは何か？』。はい、この二つね」


葵は「土屋が答えるべき問い」を出した。土屋が自分で問いを立てられればいいのだが、最初はこうして問いを整理してあげるのが有効らしい。

「学校のテストみたいですね。よく先生が黒板にこういうのを書いてたな」

「そう、学校みたいなものよ。この二つの問いに対して、答えを整理して持ってきてくれない？」。こうして宿題を出すと、小学校の先生にでもなった気がする。

「え？　今ですか？」

「いや、少し時間を取っていいから、まとめてみて。このままノートに書き出してくれるといいね」

「了解です」。

「一つ気を付けてほしいんだけど、両方とも具体的に考えてね。さっきみたいに『なんとなく』はダメよ」

「分かりました」。土屋は頭をかきながら、ノートをしげしげと眺めていた。

——その日の夕方

「葵さん、まとめてみました」。土屋が宿題を提出する生徒のように、葵にノートを差し出す。

「できたの？　どれどれ？」。葵もいかにも先生らしく、赤ペンを取り出す。

問1：本を読んで新たに発見したことは何か？
・請求書を標準化して効率化する施策は、一般的によく行われているようだ。
・請求書の標準化と同時に、事務作業をアウトソーシングすることも多い。

問2：このプロジェクトに生かせそうなことは何か？
・営業の協力を取り付けるときに、「一般的によくやる施策です」と言えば、協力が得られやすいかもしれない。
・アウトソーシングも併せて検討する余地があるかも。

「こんな感じですかね？　アウトソーシングの検討を本格的にやってもいいのかなって思いました」

「おおー?!　すごいじゃん！」。これは葵の本心だった。

「え、そうですか？」

「すごいよ。さっきは『勉強になりました！　なんとなくですけど』って状態だったのに、とっても具体的じゃない」


「うーん。そう言われてみると。葵さんに問題を出されたので、それに答えようと思って。それだけなんですけど」。土屋は照れくさそうに、頭をかいた。

「考えることを指定してもらえると、楽っすね。たまに本を読みますけど、なんのために読んでいるのか分からなくなったり、読み終わった後に『ふーん』で終わっちゃったりするんですよ」

土屋の言葉を聞いて、葵はハッとした。確かにそうかもしれない。目的が希薄なまま何かを調べても迷子になるだけということだろう。葵自身もしょっちゅう、やってしまうことだ。

「それって結局、『答えるべき問い』がないまま、単に頭に情報を入れただけになっちゃうからなんだよね」

「そうですね。それに、事前に質問してもらえれば、そこだけ集中して読めるっていうか、考えられるっていうか。そんな気がします！」

（特にビジネス書は、抽象度が高いキーワードで目を引いている書籍が多いのよね。最近だと、DXとか。ああいう本を読んでいると、結局何が分かったのか、分からなくなっちゃう。事前に考えて『答えるべき問い』を持っておくことが大事なんだろうな。私が本を読むときも気を付けなくちゃ）

土屋とのちょっとしたやり取りだけでも、彼が変化しているのが分かる。そして葵にも気付きが多い。（人に教えるって大事だな。私も勉強になる。いい循環だ。さすが、お父さん）

父の日記

いやぁ。片澤君のオーブン料理は、うまかったなあ。ワインとの相性も最高だった。本当に、いい夫を捕まえたものだ。葵のお手柄だな。

それにしても、思考の話は相当難しかったと思う。さらに「洞察」という概念もあるが、それはまた今度だな。例によって、伝えそびれた話をメモしておくか。

◆文字こそ思考

書きながら考えるのは、ものすごく大事なことだ。頭の中の思考は形にならないし、すぐに忘れてしまう。

逆に書き出して考えると、面白いように思考が進む。文字になり、見えるようになるからだ。私自身も書き出して考えるようになって、明らかに変わった。

極端かもしれないが、書かないで思考しているときは脳みそが停止していて、単に悩んでいるだけだと考えてもらいたい。文字こそ思考。形になったものこそ思考だ。

◆思考の「型」が成長を促す

思考の4つのStepのように、型《かた》を持つことでさまざまなメリットが得られる。まず、自分はどこが苦手なのか、分かるようになる。問いが弱い人もいれば、深めるのが苦手な人もいる。自分の得意・不得意が分かれば、修正もしやすい。

他者にも影響を与えやすくなるはずだな。今までは部下に「しっかり考えろ!」としか言えなかったのに、Step1~4を段階的に指導できるようになる。この差は大きい。少なくとも「考える」という作業が、四つに分解されているわけだから。

優秀なビジネスパーソンは無意識のうちに、思考の4つのStepのようなことを実践している。ただ、無意識にしているのと、言語化されたステップを自覚的にしているのとでは、天と地の差がある。再現性が高い状態で思考することが、成長のカギだ。

◆思考から入るサイクルもある

葵がいきなり混乱しないように、認知→思考→行動の循環サイクルで説明してきたが、実は思考から始めるパターンも多い。思考→行動→認知だ。

調べものは最たる例で、①思考して答えるべき問いを整理する→②実際に調べる→③調べた情報を正しく認知する、という流れになる。そもそもサイクルなのだから、どこから始めてもいい。

◆ステップを踏むと自然に論理的思考ができる

ビジネスパーソンにとって、論理的な思考力は非常に大事。ただし、私は一般的な定義には疑問を持っている。

一般に論理的思考は、物事を漏れなく、ダブりなく構造化して示す力、あるいは正しく合理的な答えを導く力、なんて言われる。でも漏れなくダブりなく構造化して考えても、論理的でないケースをたくさん見てきた。そもそも、変化が激しく正解がない世界では、「正しく合理的な答え」など、はじめから存在しないのではないかと思う。

だとしたら、「論理的」とは何を意味するのか。身近なもので最も論理的なのはコンピューターだ。不合理で感情的なコンピューターなんて存在しない。コンピューターが出した答えが間違っていたとしても、「あのコンピューターは論理的じゃなくてね」なんて言われることはない。コンピューターはいつだって論理的だ。なぜなら、間違った答えにも論理があるからだ。

「なぜその答えにたどり着いたのかが、はっきりしている状態」が、論理的なんだと思う。

「A案がいいと思います。なぜなら調査の結果、〇〇という事実が示す通り…」と言えるなら、論理的だろう。逆に「A案がいいと思いました。なんとなくですが」は論理的ではない。A案の正しさは、論理性とは関係ない。

なぜその答えにたどり着いたのかがはっきりしていれば、仮にイマイチな答えだとしても、その原因を特定して補正できる。他者と思考の道筋を共有し、妥当性を探れる。これが論理的であることのメリットだと思う。

Ｓｔｅｐ４の「なぜ？」という問いかけが、論理的思考の源泉になる。わざわざ論理的思考なんて言わなくても、「なぜ？」と自問自答すれば、自然に論理性が高まる仕掛けになっている。本当に良くできたステップだと思う。

日記なのに、語りすぎたか。歳を取ると、日記も長くなるんだな…。

次は行動だ。ここまでつながってようやく、一連の思考プロセスが一区切りつく。次はいつ教えることになるんだろうか。

第4章
サイドストーリー
―土屋、思考停止から抜け出す

――夏の暑い日

僕はパソコンの前で大きく伸びをした。先輩の葵さんに頼まれていた仕事が一段落したところだった。

「土屋君、悪いんだけど、請求書発行業務の流れをフロー図に整理してもらえない？」。葵さんからの指示は割と単純だった。

請求書のフォーマットをそろえるだけでなく、請求書の発行業務そのものを再設計することになった。その前に、現状をきちんと押さえておきたい。そんな意図を説明してもらった。基本的には今やっている請求書発行の手順を営業から聞き、フローの形で整理していく仕事だ。

やっとできた。結構面倒くさかったな…。単純な仕事で面白みがない。話を聞いて、まとめるだけ。なぜこんなに、仕事はつまらないんだろうか。

そのうえ、なぜか定期的に怒られる。なんだか割に合わない。そんなことを頭の奥で考えながら、僕は隣で仕事をしている葵さんに声をかけた。

「頼まれていた資料、できました。データを送っておきますね」

「はーい、ありがとう。あとで見ておくね」。彼女はそう言うと、少し間を置いて、僕に目を向けた。大きな瞳を何度かパチパチさせると、今度は体ごと向き直る。

「なんすか？」。思わず身構えてしまった。

「つっちーさ、この資料をつくってみてどうだった？」。出し抜けに、よく分からない質問が飛んでくる。またか…。心の中で小さくつぶやく。最近、この手の問いかけがやたら多くなった。

「特に何も。つくるのは大変でしたけど」

「ふーん…。他には？」

「いや、別に」。資料をつくって提出する。ただそれだけの仕事なのに、葵さんは僕に何を聞きたいのだろうか？

「うーんとね…。資料をつくってみて、疑問とか質問とか、ここをチェックしてほしいとか、なんでもいいんだけど、そういうのなかった？」

「いや…、ないっすね」

「そっかー。この資料をベースにして、将来の業務をつくるわけじゃない？」。それは聞いた。でも、だからなんだっていうのだろう？　資料はそろっていると思うんだけど。

「そうでしたね」と、適当に相づちを打つ。

「そういう観点で今の業務を見たとき、ここは効率が悪いなとか、ここは変えたほうが良さそうだとか、そういうのはなかったの？」。

そう言われて少し考えてみるが、何か釈然としない。

「うーん、ないことはないですけど。でも、請求書の発行業務が整理できればいいわけですよね？　僕が何か考えたかどうかなんて、関係ない気がしますけど」。僕は少しムッとして応えた。

彼女は視線を外し、しばらく遠くを見てから、もう一度僕のほうに向き直り、唐突に言った。

「…つっちーさ、仕事、楽しい？」

「えっ？　いや…、なんですか、いきなり」。まったく、何を言い出すんだ。仕事は仕事だろう。

「楽しいっていうか、やらなくちゃいけないことですから」

だがそう言った瞬間、僕は突然、三年前の出来事を思い出した。新人のころ、同期入社の大路《おおじ》と昼ご飯を食べていたときのことだ。さっきの葵さんと同じように、僕は大路に「仕事は楽しいか？」と聞かれたのだ。

一気に当時の記憶がよみがえってくる。あのときは「サラリーマンなんだから、目の前の仕事をこなすだけでしょ」と返したはずだ。

「仕事が楽しいわけないですが、指示されたことはしっかりやっています。それのどこが悪いんですか？」

「いや、悪いってわけじゃないよ。なんていうかな…」。葵さんは僕に伝えたいことがあるようだが、どうにも言葉になっていない。

一瞬の沈黙を破るように、背後から明るい声がした。「なになに？　二人して深刻な顔しちゃって？」。振り返ると、片澤課長と大路が立っていた。

「げっ、片澤さん」。夫の急な登場に、葵さんが顔を引きつらせている。片澤課長はそれを見て笑った。

「なんだよ、『げっ』って。社内で会うこともあるでしょ。それで、何の話してんの？」

葵さんがこれまでのやり取りを片澤課長に説明すると、隣で大路が大きくうなずいた。

「つっちーがどうかは知らないけど、僕は仕事楽しいよ」

「まじで？」。思わず声が上ずってしまった。

仕事が楽しい？　なんで？　プライベートで面白いことがないのか？。僕はまじまじと、大路を見つめた。

「どうせやるなら、楽しいほうが良くない？　確かに指示されたことをきっちりやるのは大事だけど、それだと作業ロボットになっちゃうよ」

「作業ロボット…」。それは僕も嫌だ。

「僕は以前、作業ロボットだったけどさ、でもいつからかなあ、自分なりに考えられるようになった気がするんだよね。そのときから『作業をやらされている』んじゃなくて、『自分で仕事を進めている』感覚を持てるようになった気がする。やっている仕事は同じなんだけど、そこに自分の思いや考えが乗ると、見える景色が変わってくるっていうか。こういうのを手応えっていうのかな」

「そう！　私がつっちーに言いたかったのは、そういう話よ！」。葵さんが目を見開く。

「後輩に言語化を頼るなよ」と片澤課長。

「伝わればいいの！　私の指示をこなすだけの作業ロボットになっちゃっていいの？　そこにあなたの思いはないの？って、そう感じていたの」

自分の思い？　頭が少し揺れた気がした。

「言っていることは…、なんとなく分かる気がします。仕事は楽しいほうがいいですし。でも自分は、目の前の仕事をこなすだけで手いっぱいで…。そこまで頭が回らないんですよ」。ウソではなかった。

目の前の仕事をこなすのだって、簡単じゃない。ミスもする。そのうえ自分なりに考えろって言われても。

また沈黙が流れる。破ったのは片澤課長だ。

「そんなに難しく考える必要はないんじゃないか？　ちょっとした問いを持っておくだけでいいんだよ。この業務を自分がやるとしたら、どこが非効率だと感じるか？　自分だったらどこを変えたいと思うか？　請求書が標準化されたらどのくらい良くなりそうか？　こんな問いを持っておけば、一瞬でも考えるチャンスが生まれるんじゃないかな？」

片澤課長が言いたいことは、分からなくはない。だけどそれだって、余計な作業になるじゃないか。そんな余裕は自分にはない気がしてしまう。そう思ったとき、大路が全く逆のことを言い出した。

「あ、僕は今の話をそのままやっていますよ。毎回やっていたら大変かなって思ったこともあるんですが、考えるのって一瞬なんですよね。資料をつくりながら、少し考えればいいだけだよ」。大路は同期の中でも優秀と評判だった。平凡な自分とはできが違う。「それは大路が切れ者だからできるんだろ？　俺には無理だ」。思わず、そうつぶやいてしまった。

「いや、そんなことないよ。僕も最初は能力の問題かなって思ったんだけど、やってみると意外と難しくない。習慣っていうか、癖の問題だよね。考えるための問いを持っているかどうかって」

また頭が揺れる。問いを持つ？　そういえば、葵さんにも問いを持って本を読めって言われたな。僕は無意識のうちに、こめかみをさすっていた。

「問いを持っておけっていうのは、まあ分かるけど。でもそれで仕事が楽しくはならないでしょ？　関係ない話じゃんか」

「いや、関係あるんだって！」。大路がしつこく食い下がる。

「試しにさ、問いを持って考える努力をしてみたんだよ。ものは試しだと思ってね。そしたら自然に、『これやりたいな』とか、『これはもう少し調べないと』っていう気持ちが生まれてきて…、そういうのが仕事をするモチベーションになっている気がする」

大路の熱弁が遠くから聞こえてくる。僕は学生時代の部活を思い出していた。弱小野球部だけど、楽しかった。勝ちたかったし、うまくなりたかった。

だから自然と「どうすればうまくなるか？」「どんな練習が効果的か？」と考えて、自分で練習メニューを組んだり、チームに提案したりしていた。あのときはあんなに楽しかったのに、なぜ部活と仕事はこんなにも違うのか。

仕事は言われたことだけをやっている。部活のように、自分で考えて行動していないから楽しくないのか？。そんな考えがよぎった。部活のときだって、正解があったわけじゃない。でも自分なりに考えて工夫した。もし言われたことだけをする部活ロボットになっていたら、部活は楽しかっただろうか？

改めて大路を見て、僕は思わずつぶやいた。「その話はなんとかピンと来た」。問いを持って、自分で考える。正解じゃなくてもいい。頭の中でそんな言葉が響く。

頭を抱える僕を見て、片澤課長が笑った。

「よく分かんないけど、なんか響いたみたいで、よかったな。自分で考えて仕事をしないと、指示をこなすだけのロボットになっちゃうぞ」。そう言って、片澤課長はロボットのような動きをしてみせる。

「そういえば以前、土屋とご飯を食べたとき、土屋が羊に見えたんですよ」。大路がニヤリとした。「上司に『そこで草食っとけ』と指示されて、なんの疑問も持たずに草を食べる羊。メーって言いながらさ」。大路がこらえきれず笑っている。

「お前、そんなことを思っていたのか！」。そう言いながら、僕は自分が羊になっている姿を想像して、一緒に笑ってしまった。

葵の日記

今日の土屋君は、かなり面白かったなあ。本人は至って真面目なんだろうけど。とにかく、少しは考えられる男になるといいんだけどな。

それにしても…。会社では「間違いなくやれ」「先輩の指示をきちんと守れ」とはよく言われるけど、「考えて仕事をしろ」と言われることは少ないのかもしれない。

言われたとしても、「考えながら仕事をするって、どういうことなの？」と思ってしまう。誰もやり方を教えてくれないから。

「事前に問いを立てて、問いに対する自分なりの答えを探す」と具体的に言われることはまずないな。でも逆に、ここまで具体的に考え方を癖づけできれば、土屋君だってデキる男になるんじゃないかな？

そう考えるとデキる人は、常に考えている気がする。お父さんも片澤さんも、言われたことだけを黙々とこなしているとは到底思えない。色々な問いを思い浮かべて、自分なりに思考しながら仕事をしているんだろうな。

「問いの質が思考の質を決める」って、お父さんが言っていたけど、なんか分かった気がする！　思考って、深いなあ。

第5章
行動する

――九月も中旬に差しかかったころ

世間では大型の台風が本州を直撃するかと、ニュースになっていた。（やだなあ、台風。電車は遅れるし、ネットワークは断線しがちで問い合わせや復旧対応で忙しくなるし…）

葵は窓の外に広がる曇り空を眺めながら、ぼんやりしていた。ＮＮＰの社内でも「超大型台風」が発生しているとは、つゆ知らず。

突然、葵がいる二十一階のフロアの雰囲気が変わった気がした。なんというか、空気がピリッと緊張した状態に。（この雰囲気は…）

たまに感じる、この独特な空気感。（これは、もしかして）。そう思った瞬間、フロアの奥に丸い頭が見えた。

（ああ、やっぱり。堀井専務だ！）

堀井は営業出身のたたき上げで、豪腕な専務だ。やり手なのは間違いないが、「瞬間湯沸かし器」と揶揄され、社内で恐れられている人物だ。

数年前には、葵が所属していたコールセンターに怒鳴り込んできて、部門が解体させられる直前まで追い込まれた。この手の武勇伝は山ほどある。堀井が執務フロアに現れたときは、嵐の前触れだ。みんなそれを分かっている。だから空気がガラッと変わってしまう。

(今日はなんだろう？　どこの部署に用事？)

堀井は目をキョロキョロさせてフロアを見回し、西山に目を留めた。(ええ？　ウチ！　なんなの?!　怒られるようなことは何もしていないと思うんだけど…)

堀井は真っすぐ西山の席まで来ると、隣の椅子にドカッと腰を下ろした。大型台風が上陸した瞬間だ。

「堀井さん。ど、どうされたんですか？」。驚く西山をよそに、堀井は切り出した。

「ちょっと聞きたいことがあってな。例の営業改革は今どうなっている？」

「え？　おおよそ順調です。多少遅れているところもありますが」。大ざっぱな質問をされて、西山もどう答えたらよいか探りを入れている。

「遅れてもらっては困る。ついこないだ、ニュースリリースも出したんだぞ。知っているよな」

「えっ、聞いていないですよ?!」。西山が目を丸くしている。

「ん? そうだったか? 株主総会が近いから、株主向けに業務改革の取り組みをアピールしないといけない。今期の目玉として、大規模な構造改革を実践中と、打ち出したんだ。この冬に第一陣の施策をローンチするって言ってある」

「ええ…?! そういう大事な話は事前に教えていただけると助かるのですが」

「何を寝ぼけたことを言っているんだ。もともと中計でそういう計画だっただろ? リリースはダメ押しで出しただけだ。でもこれがメディアに響いてな。新聞やビジネス誌からの取材依頼が来ている」。堀井は満足げに口角を引き上げた。

西山は「いや、そんな勝手に…」という表情をしているが、口をパクパクさせるだけで言葉になっていない。

「それで進捗はどうなんだ？　リリースを出した手前、進捗を把握しておかないといけないと思ってな」

その言葉を受けて、西山は渋々プロジェクトの状況を説明し始めた。

「〜という感じで、全体としてはこんな工程で進んでいます」

「ふ〜む」。二人のやり取りを葵は横目で見ている。

（堀井さん、いつも突然やって来て、無茶な注文するんだよなあ。西山さん、気の毒に…。満足して返ってくれればいいんだけど…）

だが葵の願いも虚しく、二人の話はヒートアップしていく。

「なんだ、全然ダメじゃないか？　請求書の標準化はどうなっているんだ？」。（うっ、請求書！　それは私の担当…）

「請求書の統一は成果が出やすい施策だから、こないだもメディアにアピールしておいたんだ」

（やだ、そんな勝手に…）

「鈴川さん、ちょっといいかな?」。西山が葵を呼ぶ。(ぎゃっ、来た!)

嫌な予感が的中した。恐る恐る西山と堀井の隣に移動する。

「は、はい、なんでしょうか?」

「請求書の標準化だけど、進捗はどう?」。西山が聞いてくる。

「えっとですね」。葵は顔を引きつらせながら、今の状況を説明する。


堀井の顔色が見る見るうちに変わっていくのが分かる。噴火寸前だ。

「おい、この進捗じゃあ、全然間に合わないいんじゃないのか?」

「ど、どうでしょうか。しっかり検討しながら進めると、このくらいのスピードになってしまいまして…」。葵は縮こまりながら、堀井に目を向ける。

「なってしまいまして、じゃないだろ! 期日は決まっているんだぞ、鈴川!」

(それはあなたが勝手に決めたことで)。そう思ったが、堀井に言えるはずもない。

「じっくり考えるのは結構だが、タイム・イズ・マネーだ。さっさとやってくれ!」。堀井の檄が飛ぶ。返答に窮している葵を、西山がフォローする。

「鈴川は本当にしっかり考えてくれていまして、一つひとつの検討の質は明らかに高いんです。いい加減なものが出て、取引先にご迷惑をおかけするよりは、ずっと良いと思うんですが」

「バカモン!!」。西山が最後まで言い切らないうちに、堀井の怒声がフロア全体に響き渡った。

「品質を落とせなんて、誰も言っとらん。品質を維持するのは当然のことだろう。そのうえで、もっとスピードを上げろと言っとるんだ！」

「いや、そうですが…」。堀井のあまりの剣幕に、西山は完全に押されている。そこに堀井の最後の一撃。「ちんたらやっている余裕はないぞ。さっさと進めてくれ！」

「は、はい」。西山はそう言うのが精いっぱいだった。

――嵐は去った。いや、台風の目に入ったと言ったほうがいい

西山と葵は突如、堀井台風の真ん中に放り込まれてしまった。

「困ったな。鈴川さんの検討は、ホントに中身がしっかりしていると思うんだよね。よく考えてくれているよ」

西山に、検討の質を褒められるのは素直にうれしい。（こんな状況じゃなかったら、もっと素直に喜べたのに。堀井さん、中身の大変さも知らないくせに！　フラッとやって来て、言いたいことだけ言って。なんなのよ!!）。葵は堀井の理不尽な振る舞いに血が上っていた。（西山課長には中身は良いって言われたんだからね）

「でもね…」。西山がポツリと言った。

「え、なんですか？」

「実を言うと、もっとチャチャッと進まないのかなって思うときもあるんだよね。鈴川さんは、ずーっと考えているときがあるでしょ？」

「うっ…。そうかもしれません」。思わぬカウンターパンチを食らった格好だ。

（でも、しっかり考えようとすると、どうしても時間がかかりますよね）。葵は心の中でつぶやいたが、それを言っても仕方がないと思い返し、飲み込んだ。

「とにかく、頑張って進めよう」。何の解決にもなっていない西山の一言で、その場は解散になった。あちこちから好き放題言われて、さすがに感情のやりどころに困る。昔だったら、今ごろ泣き出していたに違いない。

だが葵も今や中堅社員。堀井の言う通り、もっとスピードを上げなければならない。

――思考に時間がかかるのはなぜか?

(全然、分からない…)

こうなると、結局あれしかない。

堀井台風の直撃から1週間後。葵は父のオフィスに向かっていた。以前は日本橋にあったが、いつの間にか赤坂に移転したらしい。赤坂見附駅を出て一ツ木通りを歩くと、両脇には開店準備をする飲食店が立ち並んでいる。

一ツ木通りは平安時代に生まれた、由緒ある通りだと、父が言っていた。当時は旅の途中で人や馬を交代する「人継ぎ」が、この付近で行われていたとか。それが「一ツ木」の語源である。父のオフィスは一ツ木通りの突き当たりにあった。エレベーターに乗り、四階のボタンを押す。

――数日前、父に堀井台風の話をした。

「～って感じでね。思考の質は落とさずに、速度を上げろって言うのよ。そんなの無理よね？　堀井さん、無茶言うんだから、まったく…」

葵は父に同調してもらえると思っていたが、父の反応は全く正反対なものだった。

「何を言っているんだ？　両立できるよ。むしろ、両立させなくちゃいけない。思考に長く時間をかけてちゃダメだ」

「え?!　そうなの？」。あっさり否定され、葵は思わずスマホを落としそうになった。

「またウチのオフィスに来てみるか？　ウチのメンバーがどうやって思考の速度を上げているのか、実際に見てみるといいよ」

そんなやり取りがあり、今エレベーターに乗っているというわけだ。父に迎え入れられてオフィスに入る。

「葵さん。お久しぶりね、こんにちは」。オフィスに入るなり、声をかけてきたのは、コンサルタントの矢口だ。

「あ、矢口さん、ご無沙汰しています!!」。矢口とは、初めて父のオフィスで会議ファシリテーションを学んだときからの付き合いだ。当時はまだコンサルタントだったが、その後トントン拍子で昇進し、今ではプロジェクトマネジャーらしい。

お子さんは五歳になったという。仕事だけでなく、子育て中の母親としても大先輩。葵がひそかに目標にしている憧れの女性だ。

「今日は考え方の循環サイクルを勉強しに来たんですってね。ただ、正直、参考になるかどうか不安なのよね」。矢口は不安だと言いながらも、ニッコリ微笑んだ。

（矢口さん、相変わらず素敵!!）。葵は目がハートになりかけたが、今日はそんなことを言っている場合ではない。

（なんとかして、ヒントを得ないと…）

オフィスはフリーアドレスのようだ。あちこち見て回りたいが、そんな時間はない。葵は父と一緒に、矢口が確保していたテーブルに向かった。

「葵さんは資料作りの7つのＳｔｅｐも勉強していたし、ほとんどウチの社員みたいね！」

「いえ、全然みなさんのように使いこなせなくて…。今回も思考の速度が上がらなくて困っています…」

「聞いたわよ。思考の品質と速度を同時に高めろって言われたんだって？　いやよねー。好き勝手に難しい注文を投げつけてくる人って」。矢口はおかしそうに言った。葵は思わず、「そうなんですよ！」と同意する。


「でも、私の思考がゆっくりなのは、事実だと思います…。思考の4つのＳｔｅｐはちゃんとやっているんですが」

「葵は言われたことは、案外きっちりやるよな。でも今回の件は実際に見てみないと伝わらないと思って。例によって、矢口に助けてもらうことにしたんだ」

葵は「よろしくお願いします」と頭を下げた。


「私も昔、同じ苦労をしたから、気持ちはよーく分かるの」。矢口は急に真剣な顔になった。「早速本題に入るわね」と、矢口は真っすぐに葵を見て話し始めた。

Q：なぜ思考に時間がかかるのか？

「そもそも、思考に時間がかかるのは、なぜだと思う？」

　矢口の直球な問いかけに、葵の背筋が一気に伸びた。

「えっ、それは…、考えるのは大変だし、時間をかけないといい答えが出せないからですかね？」

「なるほど。じゃあ、どうすれば、思考が速くなると思う？」

「えーっと、頭の回転が速ければ、パッと考えられるから、スピードが上がりますよね。キレキレの頭脳っていうか、脳の回転が速いというか」

　葵は畳み込むように早口で答えた。考える速度を上げるヒントがなんとしても欲しかった。だが意気込む葵を見て、父と矢口は顔を見合わせた。

「やっぱり、そこだな」とつぶやく父。矢口が「ですね」と応じる。二人の反応は、予想外のものだった。葵は姿勢を正したまま目だけ動かし、二人を交互に見ながら、「ドーユーコトデスカ？」とつぶやいた。

続く父の言葉は、葵の想像をはるかに超えていた。

「結論から言うが、脳の回転速度を上げてもダメ。処方せんは、それじゃない」

「えー!?」。目が点になる葵。

「考えるのに時間がかかるんじゃないんだ。考えていない時間が長いから、結果的に思考に時間がかかるんだよ」

「え、え? どういうこと?」

「言い方を変えると、走る速度が遅いんじゃなくて、休んでいる時間が長いってことだ。休んでいる時間を短くすれば、自然に思考の速度は上がる」

葵は軽いめまいがして、頭を押さえた。父は何を言い出すんだ。休んでいる時間だって? 混乱する頭を必死に整理しようとするが、「ちょ、ちょっと待って…!? 休んでいる感覚はないんだけど…。むしろずっと走っているつもりで…」と、葵は必死に言い返す。

「その気持ちはよく分かる。別に葵がサボっていると言っているんじゃない。具体的な状況を考えてみよう。葵が思考に時間がかかるなあと思うのは、どんなときだ?」

「うーん、そうね…」。葵は少し上を向く。「答えを書き出したいんだけど、なかなかいいアイデアが浮かばないときかな…。うんうんうなりながら考えている、とか」

父は「いい表現だ」とうなずく。

「じゃあ、そうやってうなっている時間に、手は動いているのかな？　思考するときは、頭に浮かんだものを書き出しながら考えると教えただろ？」

確かにそうだ。葵はうなっているときの自分を思い返してみた。

「手は止まっているかな…」。葵は腕組みをする。

「手が止まっているときは、脳から何も出てきていない状態なんだ。考えているんじゃなくて、悩んでいるだけ。前に進んでいるんじゃなくて、その場で足踏みしているだけだ」

「足踏みか…」

「そう、足踏み。時間をかけて考えたら、その分だけいいアイデアが出て来るかい？」

「そう言われると…」。大抵は何も出て来ない。出てくるのは、うなり声だけだ。

「何も出てこないだろ？　出てこないんだったら、悩んでも意味がない。なのに諦めがつかないから、時間を浪費してしまう。これが足踏みだな」

（なるほど…）。父が言わんとしていることが、やっと分かってきた気がする。確かに前に進んでいる感じはしない。

「他にはどんなケースがある？」

「えーっと、書き出した問いを眺めて、ほんとにこれでいいのかなって考えている時間も結構ある…」

「特に独りで考えていると、不安になるわよね。この考えで合っているのかって」。矢口がフォローしてくれる。

「そうなんです！　でも、もうちょっと考えたら、どうにかなるんじゃないかなとか。もう少し考えたら、納得いくかなとか、考えちゃうんです。これでいいのか不安だし。正解が分からないっていうか…」

「散々、二十点の答えでいいぞって言ったんだけどな」。父が笑った。

「うん…。頭では分かっているんだけど、それでもやっぱり不安になっちゃうのよね…」。葵は少し首をひねってから、「出した答えに誰かが正解・不正解と言ってくれればスッキリするのに」と付け足した。でも現実には、誰もそんなことを言ってはくれない。

「でも、これも考えているんじゃなくて、悩んでいるだけなのかも…。全然書きながら考えられていないし。まさに、走ってるんじゃなくて、足踏みしている感じ」

葵のつぶやきを聞いて、父がニコリとした。

「なんとなく分かってきたかな？『走る速度、つまり考える速度』の問題より、『足踏みをしている時間、つまり悩んでいる時間』のほうがずっと問題なんだ」

「うん。分かった気がする。『休んでいる』って言われると、休んでないよって思っちゃうけど、『足踏みをしている』って言われたら、確かにって思えるかな」。父はホワイトボードに、イメージ図を書き始めた。

「雑な絵で申し訳ないが、こんなイメージだ。実線が思考している部分。ぐにゃぐにゃしているのは、考えているようで実は悩んでいるだけの足踏みの部分だ。この足踏みの部分を減らせば、下のような短い実線になる。目指すのは、この形だ」

Q：なぜ思考に時間がかかるのか？

● 考える速度が遅いのではなく、悩んでいる時間が長い
→足踏みの時間を最少にすればよい

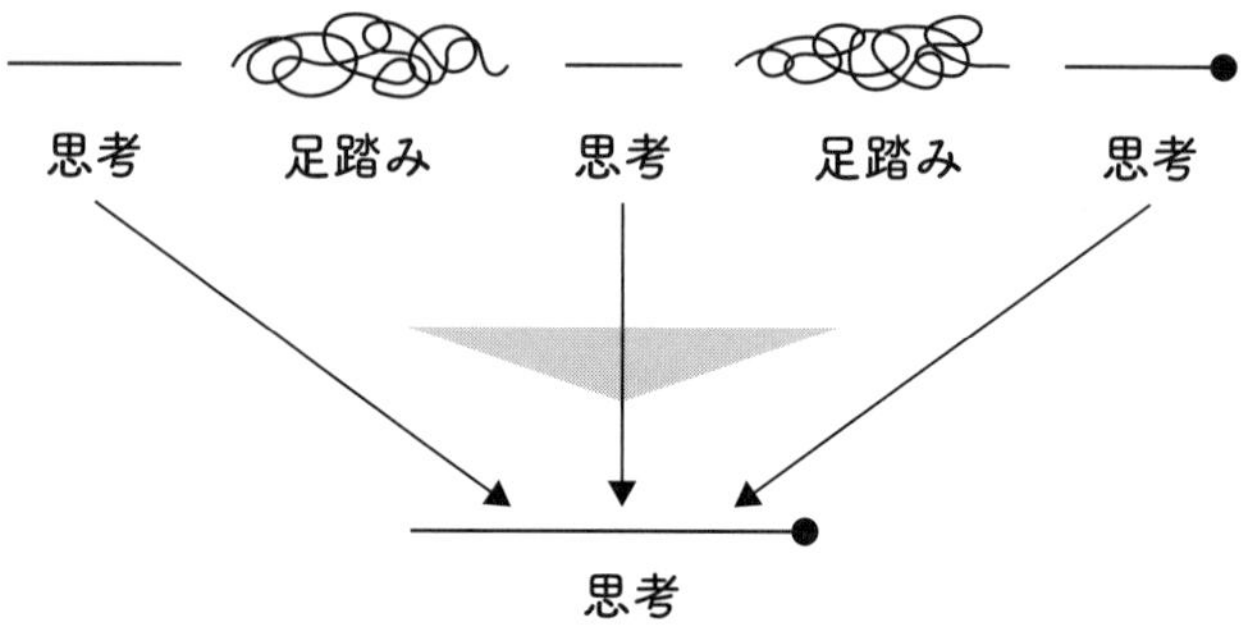

かなり分かってきた。単純な図だが、こうしてみるとスッと頭に入ってくる。

「これって…、信号待ちの車じゃない？　上の図は一般道で信号にはまっている状態。下は高速道路を走っている状態」

「面白い例えだな」

「でしょ?!　時速三百キロのスポーツカーに乗っていても、信号が多い一般道を走っていたら、めちゃくちゃ時間がかかるよね。逆に、高速道路を走れば、軽自動車だって、あっという間に目的地に着ける」

父は大きくうなずいた。

「そうだな。思考の信号待ちは、4つのStepのどこでも起こる。例えば、問いを書き出して、うーん、これで全部かなあと悩みだしたら、もう足踏み状態で思考が止まっているわけだ。油断すると、すぐに信号待ちになってしまう」

「なるほどね。ここまでは、よく分かった…」。いつものことではあるが、父は世の中の常識とは異なることを言い出す。話を聞いている身としては、処理するのが大変だ。思考に時間がかかる理屈は分かったが、次の疑問が湧いてくる。

「でもさ、思考の足踏みに気付くのって難しくない？　さっき私が挙げた例だって、無駄なことをやっているとか、サボっている感覚はないのよね」

「分かる、そうよねえ。むしろ自分としては、必死に考えているつもりなのよね」。矢口が付け加える。

「そうなんです！　どうやったら、足踏みしているって気付けるんですか？」

Q：思考の足踏みにどう気付く？

「実はみんなそれぞれ、『こうなったら足踏みしている証拠だ』という判断基準を持っているのよ。人によって違うんだけどね。ちなみに、鈴川さんはどうやって判断していますか？」。矢口が父に話を振った。

【ペンが止まる】

「そうだな。ペンが止まったら、かな。考えていることを書き続けられているうちは大丈夫なんだけど、どこかでペンが止まるタイミングが来るんだよ。脳から何ももう出てこない状態っていうのかな。そうなったら、思考が足踏みを始めたサインと判断している」

「へえ。書き出しながら考えるって、足踏みの判断にも使えるのね」

「父さんの場合はな。ペンの動きで判断しているかな。矢口はどうしている？」

「そうですね。私の場合、ペンは止まらないんですけど、同じようなことを繰り返し書いていたり、一度書いたものをなぞって濃くしていたりすることがありますね。そうなったら、もうアウトかな」

「なぞって濃くする?!。矢口さんでも、そんなことがあるんですね」。葵から見ると、矢口は常に完璧に見えるのに。

「あるのよ、これが！　自分でも笑っちゃうんだけど」。矢口がホワイトボードに書き込みを増やしながら、おどけてみせた。

【パワポの微調整を始める】

「あとはね、パワーポイントのオブジェクトをいじり始めたらアウトかな」。矢口の言葉に、父が同調する。

「分かる！　無駄に文字の位置を微調整したり、大きさをそろえ始めたり。そうなると、脳は停止しているサインだな」

（あー、これも分かる！）。葵は苦笑いしてしまった。オブジェクトの色を変えてみたり、文字のフォントサイズを変えてみたり。葵もしょっちゅうやっている。こういうことに気を取られているときはきっと、思考が足踏みしている証拠なのだろう。

三人でオブジェクトの話でひとしきり盛り上がると、ふと矢口が真面目な表情をした。

「話していて思ったけど、思考の足踏みって、脳自身は判断できないんでしょうね。脳自身はジタバタ動いているつもりなんでしょうから。だから、手が止まったとか、オブジェクトをいじり出したとか、身体的な行動の変化で脳の状態を観測するしかない気がしてきた」。矢口は顔に手をあてながら、つぶやいた。

「そうだな。脳に判断させないという意味では、時間で強制的に区切るのもいいぞ」

【二十分経ったら】

「ウチでよく言う『二十分ルール』ですね。人が思考できる時間は二十分が限界。二十分考えたら、一旦そこでおしまいっていうルールなの」。矢口が葵に説明する。

「二十分？　二十分で切っちゃうんですか？　短くないですか？」。葵は普段から何時間もなっているので、二十分は衝撃的な短さに思える。

「二十分でも長すぎるくらいだ。二十分も集中して考えるのは、すごく大変だぞ？　何時間でも考えられると主張する人がいるけど、大半の時間はウダウダと悩んでいるだけだったりするもんだ」

（うっ…）

「そうならないように、考えるのは二十分までというルールみたいなものを自分なりにつくっているの。二十分考えたら脳は止まると思っておけば、行動しやすくなるでしょ？」

不思議な感じだった。上手に考えるコツや思考の速度を上げる秘訣を教えてもらいにきたのに、思考の足踏みにどう気付くかという話で盛り上がっている。

「色々な方法があるけど、人によって気付き方は違うのよね。葵さんも、自分なりの気付き方を持てるといいわね」と矢口に言われて、考えてみた。

「書き出してみて、手が止まるタイミングで意識してみようかな…。思考の4つのStepともつながるし」

「いいね。とにかく大事なのは、自分なりに気付く方法を持っておくことだ」

いつの間にか、父はホワイトボードに考え方の循環サイクルを書いていた。ただ、今回の図には、思考と行動の間に「気付く」が挟まっている。

「思考はすぐに止まってしまう。だから、止まったことに素早く気付くことが重要になる。それが今話していた、これだな」。父は「気付く」という丸をトントンとたたいた。

「思考の足踏みに気付いたら、行動によって状況を打破する。それが最後の『行動する』という箱になる」

Q：思考の足踏みはどう解消するか？

「思考の話なのに、ここで行動が出てくるのは本当に意外だし、面白いなあって思う」

「止まってしまった脳を再起動するには、外から新しい刺激を入れないとダメなんだ。脳の環境やインプットする情報を強制的に変える。これが刺激になって、自然にまた思考できる状態に戻る。新たな刺激は、行動によって獲得するわけだ」

「それはなんか分かる気がする！　脳を再稼働させるための行動ってわけね」

父に最初に相談した数カ月前に、一度全体像を説明してもらっているのだが、こうして一つずつ中身を教えてもらうと理解の深さが全然違ってくる。

■考え方の循環サイクル

3つの要素を回すことで思考力が発揮される

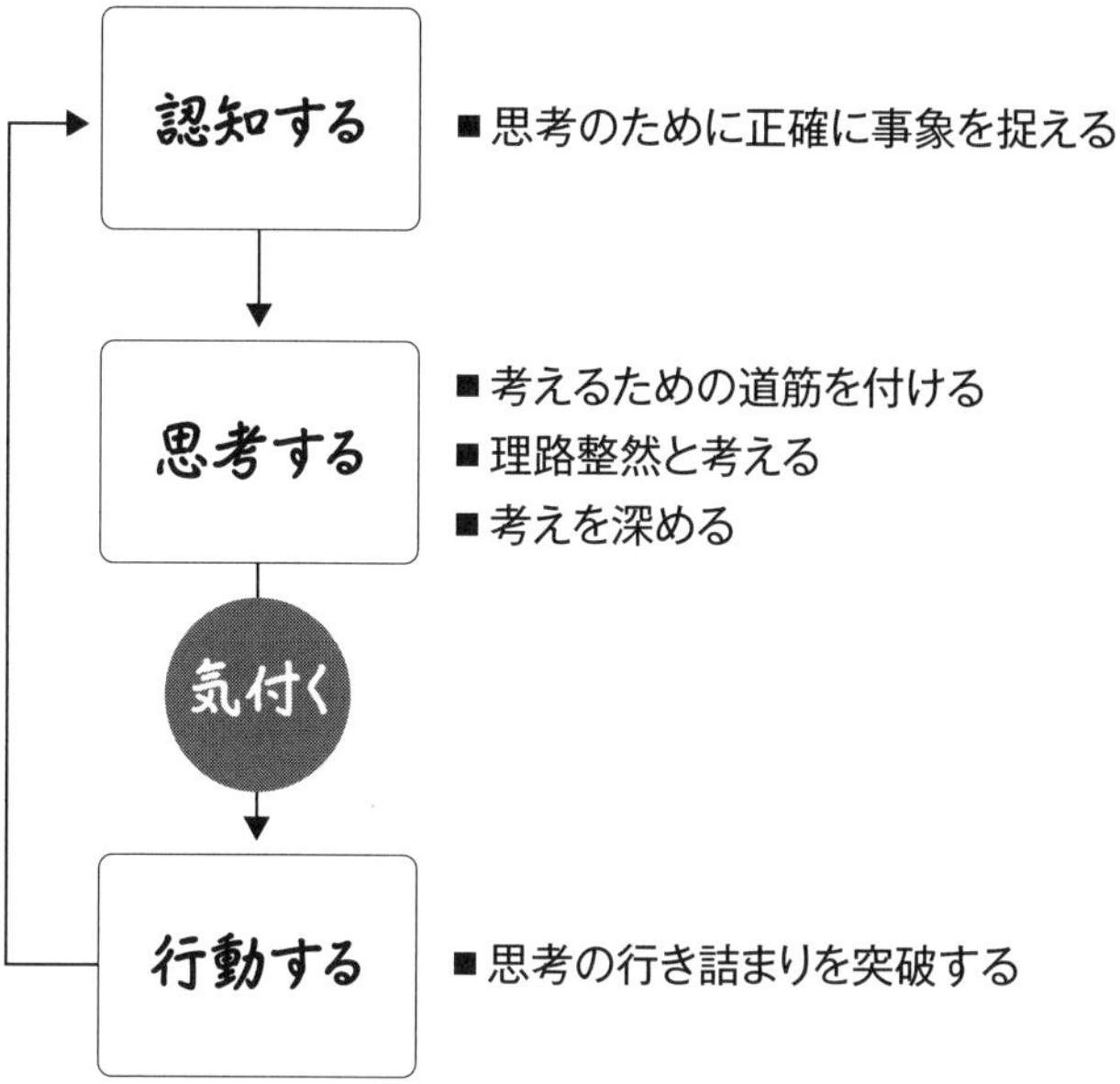

Q：なぜ思考に時間がかかるのか？

- 考える速度が遅いのではなく、悩んでいる時間が長い
  →足踏みの時間を最少にすればよい

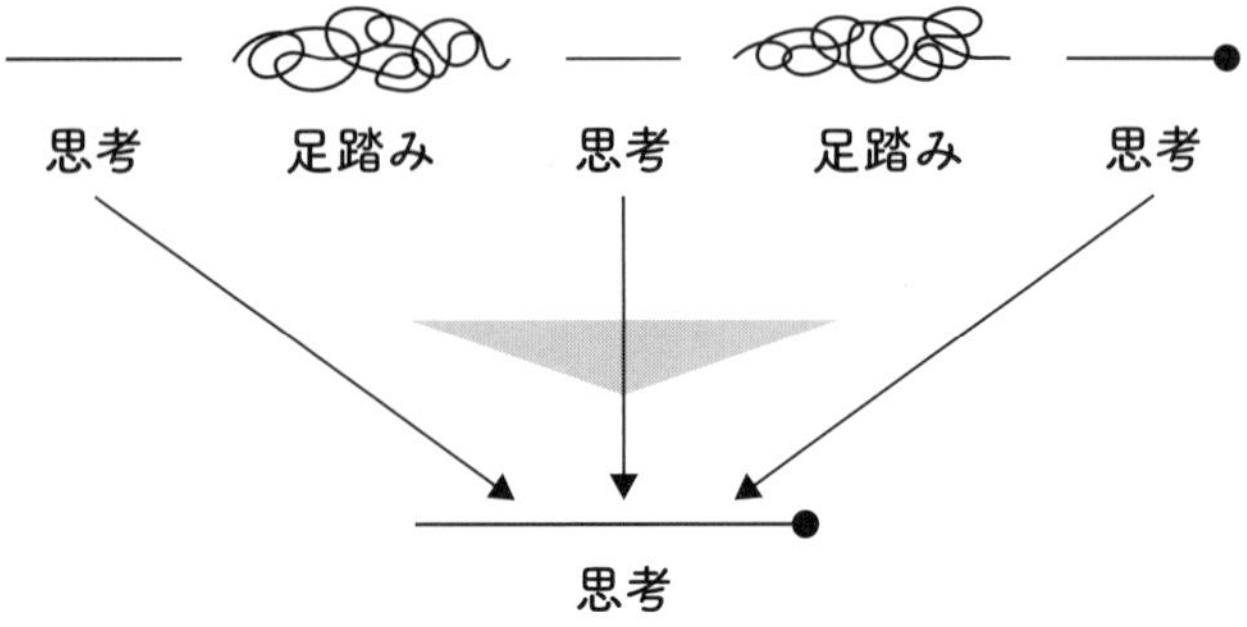

Q：思考の足踏みにどう気付く？

- ペンが止まったら
- パワポのオブジェクトをいじり始めたら
- 20分経ったら
  →自分なりの「足踏みフラグ」を持っておく

Q：思考の足踏みはどう解消するか？

- 3つの行動で突破する
  ①話す（相談、壁打ち）
  ②集める（情報収集、ヒアリング）
  ③休む（脳をリフレッシュさせる）

「行動は大きく分けると、三つになる。順に説明するわね」。矢口が父の話を引き取って、ホワイトボードにペンを走らせた。

ホワイトボードには「三つの行動で突破する」と書き出された。


【話す】

「まずは誰かに話すのが効果的ね。例えば、相談するとか」

「相談か…」

「葵さんなら上司に。ウチのプロジェクトメンバーなら私になるけど、とにかく相談に乗ってもらう。言っちゃえば、それだけ」

確かに相談は効果がありそうだ。葵は西山に相談するシーンを想像してみた。

「かしこまった相談でなくても、話を聞いてもらうだけでもいいぞ。父さんは『壁打ち』って言い方もしている」

「テニスでやる壁打ち？」

「そう。今でもしょっちゅう、母さんに仕事の話を聞いてもらっているよ」

「あー！　あれか。昔からよく見た記憶がある。ずっと不思議だったんだよね。お母さんは何も言わずに聞いているだけで、お父さんが一方的にしゃべって、そのうちに『あ、そういうことか！　母さん、ありがとう！』とか言って書斎に戻っていくの」

「ははは。よく見ているじゃないか。まさに壁打ちっぽいだろ？　話を聞いてくれるだけでいいんだよ。誰かに話すだけで思考が整理されたり、自分の思考を言葉にして発することで新しい発見があったりするんだ」

「それは分かるな」。葵は片澤のことを思い浮かべていた。彼に話を聞いてもらうだけで、壁打ちになるだろう。

「そうか、壁打ちか…」。身近な人に壁打ちに付き合ってもらうのはいいかもしれない。

【集める】

「二つ目は情報収集だ。ウェブや本を調べるのが有効な場合もあれば、誰かに話を聞くのもいい。新しい情報が手に入ると、脳を再稼働させやすくなる」。ホワイトボードへの書き込みが増えていく。

「ただし、思考の4つのＳｔｅｐがしっかりできていることが大前提だ。今、何に詰まって思考が停止しているのかが明確になってはじめて、情報収集が有効になる。思考の4つのＳｔｅｐがグダグダなのに、やみくもに情報収集しても意味がない」

「何が知りたいのか分からないうちに、調べものを始めてもダメってことね」

「そう。事前にある程度思考できていると、何が分かっていなくて、何が分かれば思考が進むのかがはっきりする。だから効果的な情報収集ができるわけだ」


【休む】


「最後は『休む』。気分転換だな。家なら皿洗いとかサイコーだよ」

「えっ、本気で言っているの？　お父さんが皿洗いしている姿なんて見たことあったかな？　真面目に言っている？」

「いやいや、至って真面目だよ？」。父は慌てて葵を見返す。

「お皿を洗っているときは、何も考えない時間になるんだ。ひたすら皿と向き合う、無の時間だ。その間に、脳が整理される感覚なんだよなあ」

「ホントに？」

「本当だって！　その後にぱっと思考が進んだりするからね。脳ってさ、体力がないんだよ、きっと。休ませないと、動きが悪くなる」

矢口は笑顔で同意する。「皿洗い、気持ちはよく分かります！　私は『今日はここまで』って決めたら、諦めて寝ちゃうかな。人によって色々なやり方があると思うんだけど、自分なりのリフレッシュ方法を持っているといいわね」

「ただ、くどいようだが、『思考する』の基礎ができているのが前提だからな。全然思考できていない状態で、いくらお皿を洗っても寝てもダメだ」

「それは単なる睡眠ですね」。矢口がおかしそうに言う。

「思考の4つのStepできちんと考えて、そのうえで意図的にギブアップするのが必要なんだ」

「ギブアップか…」。ホワイトボードには、三つの行動が箇条書きされていた。

「行動する話はこんなもんかな。思考が止まることに気付く、気付いたら即行動して、脳を再稼働できる状態に戻す。これで思考スピードが段違いに速くなる」

実践編：「行動する」を現場で試す

「そうね。考え方はよく分かった。何時間もしっかり考え尽くしてからじゃないと、前に進めないと思っていた…。でも、もっと短く考えて、周りに頼っていいんだなって…」

そう言いながらも、葵はまだスッキリしない顔をしている。

「まだ引っかかりがあるって顔だな」。父が水を向ける。

「うーん…、そうね。相談が引っかかっているのかも。話の持って行き方が難しいなあって。『もっと考えてから来い！』と怒鳴る上司もいそうだし…。全然関係ない指摘をされそうな気もするしなあ。考えすぎかな…」

「実際にどんな感じで相談しているのか、一度見てみたらピンとくると思うのよね。だから今日はオフィスまで来てもらったの」。父の代わりに矢口が答えてくれた。

「見せてくれるんですか？」

葵が驚くのとほぼ同時に、矢口のパソコンからチャットの電子音が鳴った。矢口はメールを読むと、ふふふと笑った。

「ジャストタイミング！　メンバーからちょっと相談に乗ってほしいって連絡が来たわ」

矢口は手早く、「今からやりましょう」と返信を打った。

「私のチームで、新人を受け入れることになったの。ＯＪＴ（オン・ザ・ジョブ・トレーニング）ね。それでウチのメンバーに、受け入れ計画を考えてもらっているのよ。自分なりに考えて、煮詰まったから、私に『相談に乗って！』と連絡してきたのね」

どんな新人が来るのか、何人か、入社後の集合研修では何を学んでいるのか、ＯＪＴの期間はどれくらいか、といった基本情報は伝わっているらしい。

矢口の説明を聞くに、よくあるシチュエーションに思えた。部下が自分の仕事をどう進めるかを考えて、煮詰まったから相談に来る。葵もしょっちゅうしていることだ。矢口とメンバーはどんなやり取りをするのだろうか。

程なくして、矢口の会議ツールが立ち上った。

「岡崎さん、お疲れ様。どんな感じ？」。矢口が気軽に話しかける。

「忙しいなか、すいません。ちょっと相談に乗ってもらいたくて…。考えるべきことを洗い出してみたんですが、少し自信がなくて…。一旦この状態で、大きくズレていないか見ていただきたくて」

「了解。どうぞ、進めて」と矢口は先を促した。

「これを見てもらえますか？」と言いながら、岡崎が画面にメモを映した。

[岡崎のメモ]

■考えるべきこと、自分なりに整理したこと

Q1. 新人に任せられそうな仕事の候補は？　リストをつくってみる？
- ○○の集計
- △△の作成
- ××の資料づくり

Q2. どの仕事を任せるべきか？
- 分からない

Q3. どの仕事を任せるか、どうやって決める？
- 矢口さんに選んでもらう？
- 今この仕事を担当しているメンバーに推薦してもらう？
- 全然イメージが湧かないな

Q4. 任せる仕事が決まったら、次はどうする？
- どうやって受け入れるか、細かいことはその仕事の担当者に任せればいい？
- それとも僕が設計したほうがいい？
- これも、ちょっと分からないな
- 僕はどこまで考えればいいんだろうか？

「まず、新人に任せられそうな仕事が何か、考えてみたんです。僕の視点でざっと洗い出してみました。次に、この中から何を任せるかを考えていたら、モヤモヤしてきちゃいまして」

メモ書きには、岡崎の悩みが転写されていた。Ｑ３とＱ４は、特にイメージしづらいように思える。葵も確実にモヤモヤしそうだ。

「Ｑ１の洗い出しがこれでいいのかを、最初は相談しようと思っていたのですが、その前にＱ３とＱ４を聞いておかないとダメな気がしてきまして。それで相談に、というわけです」。岡崎は鼻の頭をかいた。

二十代半ばの社会人二〜三年目といった感じの若者だ。新人を受け入れるのだって、初めてに違いない。

「Ｑ４について、矢口さんのコメントをいただけませんか？」

矢口はうなずくと、「岡崎さんはどう思う？」といきなり質問を返した。

「えっと、確信はないですが、各仕事の担当者が細かいことを決めたほうがいい気がします」

「なぜそう思ったの？」と質問を重ねる。

「仕事の難易度や特性によって、手取り足取り教えたほうがいいものと、初めからある程度任せられる場合がある気がしています。なので仕事を決めた後は、各担当者に任せたほうがいいかなと…」

「いいんじゃない、それで。私も違和感はないわよ」


「では、その前提で考えます！　もう一つ、Q3の任せる仕事の決め方ですが、これも難しくて」。岡崎は首をかしげて、お手上げという表情をつくる。

「そうねえ。決め方は何でもいい気がするんだけど、どんな基準で決めるかのほうが難しそうね。そもそもOJTが終わったときに、新人をどんな状態まで持っていきたいんだろう？」

「あ…」。岡崎が小さくつぶやく。

「そこから逆算して、ちょうどいい経験ができる仕事を選ぶのが妥当な気がするけど。岡崎さんはどう思う？」

「なるほど、その視点は抜けていました。ゴールから逆算するか。なぜ抜けたんだろう、確かにそうだな」

岡崎は悔しそうな顔をしながらも、「分かりました！　ＯＪＴのゴールを先に考えてみます。そこから逆算して、仕事の選び方を考えてきますので、時間をいただけますか？」

「ええ。大丈夫そう？」

「はい。考えるべきことが見えたので、スッキリしました」。岡崎は笑顔を見せる。

「ＯＫ！　じゃあ、あとはよろしくね。ちなみにさあ、この話って今朝依頼したものじゃない。どのくらい時間を使って考えた？」

「うーんと、三十分くらいですかね」

「いいスピードね。ありがとう」

数分のオンライン会議が終了した。葵は最後の一言に驚きを隠せずにいた。（三十分？早っ！）

「私、あの分量だと、二日くらいは考えそうですけど、それって遅すぎですか？」

「二日？」

「もちろん、ずーっとじゃないですよ。少し考えて、他の仕事もして、また悩む。そんな感じですが」。モゴモゴと言い訳する葵に、矢口が切り返す。

「どっちにしても、遅いかな」
「実際の相談のやり取りを見てみると、スピード感や雰囲気が分かるだろ？　あんな感じで、思考と相談を繰り返しているんだ」。父が口を開いた。
「さて、今のやり取りを見て、分かったことや気付いたことはあるか？」。父が葵に振り返りを促した。見たものをそのままにはせず、きちんと振り返りを促すのは父の癖だ。思えばこれも、「気付いたことは何？」という問いに対して、答えを出す作業だ。

振り返り～相談する側の振る舞い

【相談のタイミングが早い】

「一番びっくりしたのは、相談のタイミングが早いこと。こんなに早く相談していいのって感じがした。でもこれができたら、全然違うんだろうなあ。土屋君もそうなんだけど、一人でもんもんと考え続けて、一週間経っても全然進んでいないケースをよく見かけるんだよね」

葵は土屋の名前を出したが、自分も人のことを言えない。特に初めてする仕事だと、途端に抱え込んでしまう。

「きっと、それじゃダメで。さっき見たスピード感で相談しないといけないんだろうなあ。これなら思考がすごく速くなるだろうし、出てくるものだって絶対良くなる」

葵の話を聞いて、矢口はうれしそうにうなずいた。

「一人で悩んでいても、品質は上がらないもんね。早く動くのは、いいことばかりなんだけど、実はできない人が多いのよ」

葵はまた考え込んでしまった。自分も間違いなくその一人だ。

「なぜ、できないんでしょうね？」


【採点方式で考えない】

「たぶん『採点方式』だと考えているからね」

「採点方式？」

「上司に相談するっていうと、テストの答案を出して採点される感じになっちゃわない？『でき栄えチェック』というか」

「確かに！　普通は課長に『チェックお願いします』と言って資料を提出して、翌日くらいに赤ペンが入って戻ってくる感じかも」

「でしょ？　でも本当は、相談って『一緒に考えを深める』行為だと思うの。そうじゃないと、チームで仕事をしている意味がないもの」

（チームで仕事をするかあ）

問題に正解がある前提なら、採点方式でもいいだろう。しかし正解がないビジネスの世界では、採点方式だけでは成り立たない。だからこそ、チームで考えて、チームで速く、より良い思考をつくり出すべきなのだろう。

「上司もチームの一員なんだから、上司が『採点官』なのはおかしな話だろ？　ところがこの問題は根が深くてな。相談をしにいく側の問題もある」

「そうか。採点方式が染み付いちゃっているから…」

「そう。できが悪いものを見せたくない。自分できちんとやり切りたいという、少しゆがんだ責任感にとらわれてしまうんだよ。一人でやり切るのが大事だと、学校で教え込まれてきたから。テストはいつも一人だしな」

「すっごく分かる気がする」

葵は小さいころから、テストの点数が良かった。先生に褒められることも多かった。そのせいか、全て考え切って完璧にしないと嫌だし、きちんとしたものを出したいと思ってしまう。

「中途半端な状態のものを上司に見せていいんだろうかって思っちゃうな」

「その気持ち自体は悪くない。ただ、一人で抱え込んで時間をかけたって、思考の限界に達しているなら、それ以上は良くならないんだよ。諦めが悪いってことだ」

「うぐ…」。そう言われると、言い返せない。

「そうではなく、サッと考えて、仮説をつくる。それをベースに他者と議論して、新たな展開を生み出す。この流れを強く意識してほしいんだ。完璧を求める時代はもう終わったんだ。今は協働と共創の時代だよ」

「いいものを出したいっていう変なこだわりが、逆に思考の速度を落とすことがあるわけね。だから早く考えて、続きは誰かと一緒に考えを深めていけばいいってことか。なんか分かってきた」。でもほんの少し、まだ引っかかる。

【上司に正解を求めない】

「分かったんだけど、もっと速度重視で、考えるのは上司の仕事と割り切って、上司に早く答えを聞きにいく。それが一番手っ取り早くて、かつ正確ってことにはならない…よね？」

「そういう考え方をする人もいるだろうな。スピードが最優先される緊急事態のときは、それでいい。でも普通はダメ」

「やっぱり？　そりゃそうよね。でも…なんで？」

「ズバリ言うが、上司だって答えを持っていないからさ。葵は土屋君の上司だろ？　彼に『正解を教えてください』と言われても困るよな？」

「うっ…、確かに」

「だから、誰かが一人で考えるんじゃなくて、チームで思考の質を上げるほうがいい。上司だって完璧じゃない」

　そう言われると、そうかもしれない。例えば十年後に、私が課長になったとして、自信満々に部下に答えを示せるだろうか。そんなわけがない。

「もう一つ。上司に思考を任せていると、考える習慣がなくなる。そしてある日突然、自分が考える側の立場になるんだ。これは恐ろしいだろ？」

「それは、怖っ！」。実際によくある話に思えた。考える習慣がないまま、従順でいい人というだけで、管理職になるケースを時々見かける。

「考えることをサボっちゃダメね。誰かに正解を求めてもダメ。一人で抱え込んでもダメか…」

「そういうこと。だから思考の4つのＳｔｅｐで素早く考えて、煮詰まったら周囲をうまく使って、再度考えられる状態に戻す。この繰り返ししかないんだよ。急がば回れだ」

葵の頭がグルグル回っていた。思考について、こんなに考えたことなどなかった。普段深く考えず、なんとなく思考していた自分が恥ずかしい。

一方で、ここまでじっくり考えてみると、考え方の循環サイクルは自然な帰結に思えてくる。最初は取っ付きにくかったが、今は昔から知っていたような感覚がある。新しいことを知ったというよりは、本来の在り方を思い出したような不思議な感覚だった。

【自分の状態を伝えてから相談する】

「他に気付きはある？」。矢口の声で現実に引き戻される。

「そうですね…」。そして問いかけによって、また脳が動く。

「メンバーの方が最初に、矢口さんに何を聞きたいのか、どういう観点で見てほしいのかを伝えていたんですよね。だからコミュニケーションが早くなるんだろうなと思いました」

「そうね。自分がどんな状態で、何が気になっているかを伝えてくれたわよね」

「そうなんです。自分はこんな状態で、ここまでは考えたんですがって…」

相談前の定番の問い

「よく見ているな。『相談前の定番の問い』というのもあってね。それを使って、自分の状況を整理してから相談するのもオススメだ」。父はホワイトボードに、定番の問いを書き出してくれた。

「へー。これに沿って状況を整理して伝えられれば、スムーズかも」

これも、問いを出して、それについて答えるという思考の４つのＳｔｅｐに則っている。至るところに４つのＳｔｅｐのエッセンスがちりばめられている。

【相談しやすい状況をつくる】

「あと、矢口さんとメンバーの関係がすごくいい気がしたかな。フラットだし、堅苦しくない感じ」。矢口の話し口調は柔らかかったし、上司と部下の関係を感じさせない穏やかな雰囲気があり、雑談かなと思えるほどリラックスした印象だった。

「いいところを見ているなあ」

「反対のパターンを想像してみたんだけど、怖い上司だと防衛本能が働くよね。何を言われても言い返せるように準備してから相談にいかないとって思っちゃう。そうなると、途端に腰が重くなっちゃうな」

「もはや相談ではなく、『否定されないためにディフェンスしている状態』になるよな」。父が背中を丸めて、ファイティングポーズを取った。上司との闘いだ。

「本来、チームは仲間なんだから、上司と闘う意味なんてないんだがな」

「だよね。気軽に相談できる関係っていうか、過剰防衛しなくてもいい関係をつくるのって本当に重要なこと」。葵は自分で発言しておきながら、ハッとしていた。

■相談前の定番の問い

- 今、どんな状態で、どんな気持ちか?
- どんな手順で、どこまで考えたか?
- 何が分からないか?
- 何を知りたいか?
- 自分は、どう考えているのか?

（タイムリーに相談できるようにするため、周りの人との人間関係をつくる…）。葵は、西山との関係、土屋との関係を考えた。気軽に相談できる関係、一緒に考えてもらえる関係を意図的につくり上げる価値があるかもしれない。


「相談のしやすさって、タイミングも大事だな」

「タイミング？」

「そう。相談のタイミングが遅れれば遅れるほど、上司の期待は上がってしまうんだよ。自分が上司になると、よく分かるぞ。これだけ時間をかけて考えているんだから、完成度が高いものが出てくるんだろうなって。だから時間が経つほど、相談に行きにくくなる」

「そうかも…」


「早いタイミングで相談に行けば、気持ちは楽だし、上司を巻き込んだ形がつくれる。一緒に考えるようになるからね。そうなると俄然、次の相談にも行きやすくなる」

父の説明には納得感があった。もたもたしていると、負のサイクルにハマってしまう。さっと相談に行くことで、上司とのいいサイクルがどんどん回っていくのだろう。

振り返り～相談される側の振る舞い

ここまでは葵が相談にいく立場で振り返ったが、自分が土屋から相談されることもある。自分が土屋と接するとき、矢口のようにうまく対応できるだろうか？　そう考えると自然に質問が湧いてくる。

「さっきの相談のさなか、矢口さんが気を付けていたことはなんですか？」

「なんだろう？」。矢口は少し考えを巡らせる。

「考え方の循環サイクルと同じかも」

【頭ごなしに否定せず、認知を深める】

「まずは、否定せずに認知を深める。メンバーが話してくれていることを、認知の三要素を意識しながら、しっかり聞いているかな。これを実践すると寄り添いながら聞けるようになるんだよね」

「矢口さんは全然、否定していなかったですよね。丁寧に話を聞いてくれて、問いかけてくれて、理解しようとしてくれている。部下からするとうれしいし、話やすいだろうなと思います」

「誰だって、いきなり否定されたら構えちゃうでしょ。だからまずは、ちゃんと認知しようってつもりで話を聞いている気がするな。『えー、それは違うんじゃない？』とか言いたくなっちゃうときもあるのよ。でもそこはぐっと我慢して、まずは認知ね」。的確な認知ができれば、その後のアドバイスもしやすくなりそうだ。

【答えを押し付けず、思考の4つのＳｔｅｐで一緒に考える】

「あとね、答えを言うんじゃなくて、思考の４つのＳｔｅｐに添って、質問しているかな。特にＳｔｅｐ４の『具体的には？』『なぜ？』はよく使う。この問いかけが、相手の思考をもう一回深める機会になるのよ」

思考の基本動作が、そのまま相談の基本動作にもなるらしい。これは面白い。共通の考え方に沿って、上司と部下が目線を合わせられそうだ。

「それでも、部下の思考が全然足りていないときもありますよね？　そのときはどうするんですか？」。葵は土屋がボロボロの状態で相談にくるのを想像していた。

「そうなったら、問いかけるだけじゃなくて、アドバイスもするわよ。ただ、私はこう考えるけどとか、こんな視点もあるんじゃないのって感じで、あくまでも一つの考え方を示すように意識しているかな」

「そうか。答えを押し付けないってことですね」

「そう。これが答えですって言った瞬間に、メンバーは考えなくなっちゃうでしょ。それに私が言っていることだって、絶対に正しいなんて保証はないわけだから」

【偉そうにしない】

「上司だって、答えを知っているわけじゃない。そういう心持ちが大切なんだと思うの」

話に父が乗ってきた。

「たまにいるんだよ。『自分は正解を知っている』みたいな振る舞いをするやつがな。こういうタイプはやばいぞ。正解を当てられるかって感じで部下を見ていて、『それは不正解』『あ、それは正解』みたいなコミュニケーションを取りたがるんだ」

葵にも心当たりがある。大抵、頭の切れる上司だったから、反論しづらかったように思う。

「いるよねー。『この資料、どう直せばいいと思う？』とか、逆に聞いてくる上司でしょ？　あれホントに嫌だわ」

「そうそう。こうなると、部下は自分なりに考えるのではなく、上司の正解を当てにいってしまう。正解なんてないのにな」

　矢口が苦笑いをする。

「いますよね、そういう人。だんだんエスカレートすると、『やれやれ、正解を言うのは簡単なんだが、君の教育のためにあえて時間を使っているんだよ。さあ、正解を言ってみな』なんて言う人もいるしね」

「そうなんだよ！　そんなことをしたって人は成長しない。そもそも人を育てるなんて、不遜でおこがましい言い方だよな。いったい何様のつもりなのか。人は自分で成長するんだよ！　上司にできるのは成長のキッカケをつくることだけなんだ！」

「ふふふ、鈴川さん。若いころに何かあったんですか？　だいぶ力が入っていますよ」。矢口がおかしそうに言った。

「ああ…いや。別に何もないんだが、つい持論が…」

「分かりますよ。上司にできるのは問いかけによって、自分で考えるきっかけをつくることですよね。あとは本人次第」

「そうだ。偉そうにするのは、百害あって一利なし。まあ、よほどのカリスマなら別かもしれんが」

「ということで、部下と接するときに気を付けてるのは、この三つくらいかな」。矢口が脱線しかけた話を、うまく締めてくれた。

全体のまとめ

「さて、これで行動の話は伝えられただろう。ちょうどいいので、全体をまとめておくぞ」

父はパソコンをたたくと、考え方の循環サイクルを画面に表示した。

「何度も言うが、まずは『認知』。ここで言葉と状況、意図を押さえる。次に『思考』だ。4つのＳｔｅｐで段階的に思考を深める。そして思考の足踏みに早く『気付く』こと。足踏みは、話す、集める、休むの『行動』で突破できる。そして再び、認知や思考に戻ってくる。こんな感じだな」

それぞれが単発ではなく、全体がサイクルとして回っている。このサイクルがスムーズに回るから、思考の速さも上がる。葵にもよく理解できた気がする。

ここで矢口が口を開いた。「一連のサイクルを回すと、面白いくらいスピードが上がる。でももっとすごいのは、どんな仕事でもこれで回せちゃうってことなの」。矢口が続ける。

「私ね、考え方の循環サイクルがしっくり来たときのことをよく覚えているの。初めての仕事を丸ごと振られて、何から考え

■考え方の循環サイクル（要素付き）

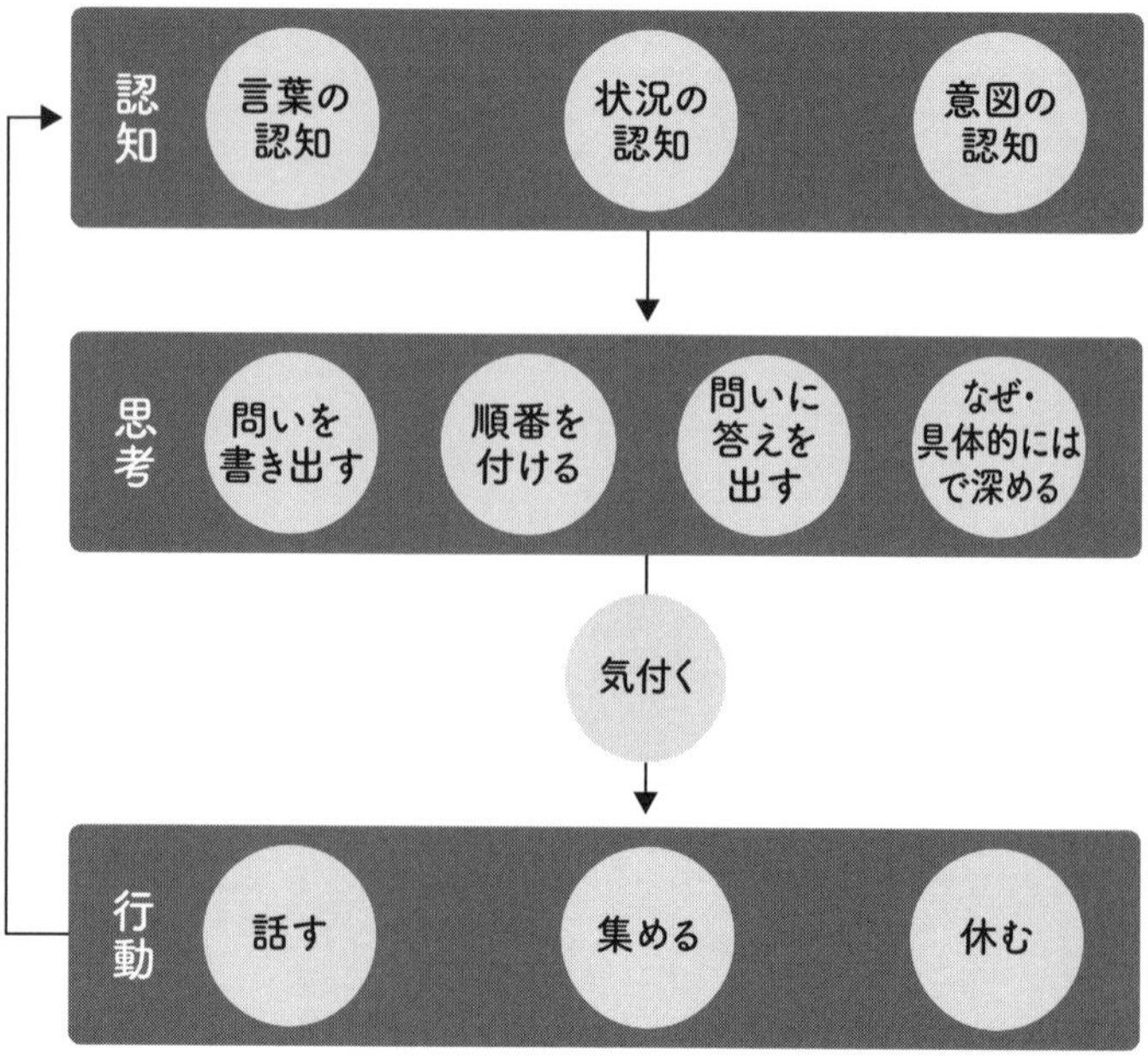

たらいいのか分からなくなって、途端にフリーズしてしまって」。まさに最近の葵だ。

「でも落ち着いて、考えるべき問いを整理し、書きながら考えるようにしたの。そうすると、何が分かっていて、何が分からないのかがはっきり見えるようになって。分からないものは、これ以上考えても仕方ないから、さっさと誰かに聞きに行こうって開き直れたわけ」

「考え方の循環サイクルそのものですね」

「そうなの。これに気付いてからは、『どんなに難しい仕事でも、やったことがない仕事でも、なんとかなりそう！』って思えた」

「実にいい話だな。仕事がイージーモードに変わったわけだ」。父が面白そうに言った。

「そうなんです！　逆にこれを知らずに考えている人は、常にハードモードなんだろうなって気がする。ウチのコンサルタントを見ていても、考え方の循環サイクルが腑に落ちたメンバーは、一気に成長していく気がするわね」。矢口にそこまで言わせるとは。

「すごい…。俊介にもこの考え方を教えたいな！」

「ふふふ。まだ二歳じゃなかったっけ？　随分気が早いけど、ホントそうね」。矢口が笑う。

「当然、俺が教えるぞ」。父の目尻にシワが寄っている。

「鈴川さん、ウチの子にもお願いしますー」。矢口も乗り気だ。

「じゃあ次回は、考え方の循環サイクル、保育園児版でもやるか。楽しそうだな」

父は子供と戯れたいだけだろうが、もしかしたら、すごく大事な話かもしれない。葵はぼんやりと、俊介の将来を想像してみた。今よりもずっと、不確実性が増していく世界。当然、正解などなく、自分の考える力がものを言う世の中になっているだろう。

そのとき、考える基礎ができていなかったら…。葵はブルッと身震いした。

第6章 洞察する

季節はすっかり移り変わり、年をまたいだ一月下旬。NNPの本社がある飯田橋は真冬の空気が立ち込めていた。

「うわー、寒いっすね！」。土屋が両手をこすりながら、葵の隣に座った。

請求書のフォーマットを標準化して、業務の効率化を図る。その取り組みはついに先月、リリースを迎えた。標準フォーマットの利用を開始して業務とシステムを変えたので、それなりに大変な仕事だった。

結局、期日には間に合わず一カ月程度遅れてしまったが、堀井からは大きな叱責を受けることもなく、なんとか乗り切った。正直、一カ月遅れで済んだのは奇跡に思えた。

「行動」のエッセンスが入ったことで、仕事の速度がまるで違ったものになり、なんとか一カ月の遅れで済んだのだ。思考と行動がこんな風に結び付いていたとは。正直、驚きだった。

ところが…。

「外だけじゃなく、こっちもお寒い感じですね。はあ、頑張ったんだけどなあ」。プロジェクト定例会の場で、土屋が手をこすりながらつぶやいた。

請求書の標準フォーマットをリリースしたまではよかったが、営業が動いてくれないのだ。新しいフォーマットを使ってくれないし、お客さんへの働きかけも弱い。(一難去って、また一難か…)

「うーん。年末年始で忙しくて営業の動きが鈍いのかなと思っていたけど、もう一月下旬だしな…」。先週までは「まだリリースしたばかりじゃないか。全然大丈夫だよ!」と楽観視していた西山も、今週は浮かない顔をしている。西山がこうも分かりやすく落胆しているのを見ると、不安に駆られる。

(全社を挙げて標準フォーマットを使うから効果が出るのに。なんで営業は動いてくれないんだろう…)

「説明会は何度もやりましたし、順を追って丁寧に事を進めてきたはずなのに」。葵は自分に言い訳をするように、つぶやいた。

西山も土屋も「うーん」とうなるばかりで、会議室の空気は重い。何の結論も出ないまま、今日の定例会は解散。次回までに各自が打開策のアイデアを考えてくるのが宿題になった。

「はあ」。葵はため息を付きながら会議室を出て、土屋と一緒に席に戻る。何が足りないのか？　何をすれば営業が動いてくれるのか？　答えは出ない。

（思考が足りていなかったのかな？　でもお父さんに頼りながら、ちゃんと考えたのに…）。葵は過去のノートを引っ張り出して、ページをめくり始めた。自分が考えていたことを振り返れば、何かヒントや抜け・漏れが見つかるかもしれない。

こういうときに、思考の跡が残っているのは非常に便利だ。過去の自分が何を考えていたのか、どこが足りなかったのかを振り返りやすい。

ノートを眺めていると、葵はあることに気付いた。

（あれ…、営業に新しいフォーマットを使ってもらうための工夫って、全然考えられていないんだけど。必要だったんじゃないかな…）

「どう使ってもらうか？」「使ってもらうための工夫が必要か？」なんて問いは、一つもない。リリースすることに夢中で、リリースした後の状況まで全然気が回っていなかった。

「標準フォーマットをつくって説明すれば、それで十分だと思っていたのかも。全然ダメじゃない？」。思わず声が漏れる。

（もしかして…、営業が使いづらいフォーマットだったのかな？　使いやすいフォーマットにつくり変えないといけないの？　今からまた？）。不安が押し寄せてくる。

「やばいな…」。再び、心の声が漏れる。心臓が激しく鼓動しているのが分かる。取り返しがつかない状態かもしれない。焦る気持ちを抑えつつ、葵は改めて問いを出してみる。

「営業に動いてもらうにはどうしたらよいか？」「なぜ営業は新しいフォーマットを使ってくれないのか？」。二つの問いをノートに書き出した。（こんなときこそ、基本動作に戻らなくっちゃ）

ノートに書き出しながら考えてみるが、ペンの動きが鈍くなってくる。この辺りが限界か。「うーん」。一度小さくうなる。思考が煮詰まったら行動するしかない。「よし、柏さんに聞いてみよう」。葵は勢いよく立ち上がった。隣で土屋が驚いているのが見えたが、今はそれどころではない。

営業のフロアに行くと、柏はすぐに見つかった。一気に質問を浴びせかける。
「え？　説明会？　出たよ。みんな一応、中身は知っているんじゃないかな？　しかも俺は比較的、動いているほうだと思うけど。他の営業は、うーん、どうだろうな。内容は理解していると思うよ。それだけ？　じゃあ、今日は忙しいから、またね」

柏は手をヒラヒラさせながら、オフィスを出て行ってしまった。ほとんど何の参考にもならなかった。「相変わらず軽いなあ。こっちは必死なのに、なんなのよ…」

しかし、施策の内容は営業に伝わっているようだ。だとしたら、動いてくれないのは何が原因なのだろうか。

問：営業に動いてもらうにはどうしたらよいか？

・説明会をする
でも、もう十分にやっている…よね?
もっとやる?　それで効果が出るかな…。
・トップダウンで圧力をかけてもらう?
堀井専務にお願いする?

問：なぜ営業は新しいフォーマットを使ってくれないのか？

・使いやすい請求書フォーマットになっていない?
請求書のデザインがダメだった?
ヒアリングが足りていなかったのかな…
もっとヒアリングして修正する?
でも今から…?
・説明しているつもりだけど、まだ知らない人がいるのかもしれない…
もっと説明会を増やしたほうがいいのかな?

霧が晴れるどころか、ますます深まってしまった。考え方の循環サイクルはやったし、行動もした。でもダメだ。こうなると、あれしかない。

――週末の実家

父の駆け込み寺も定番になってきた。俊介を母に見てもらえるから、一石二鳥とも言える。コーヒーを淹れながら、母が「またなの？」と笑っている。問題は次から次へと起こるのだ。

コーヒーを待つ間、葵はここまでの状況を父に伝えた。「〜って状態なの、本当に困っていて…。営業に動いてもらうには、何をしたらいいと思う？　お父さん、こういうの専門でしょ？人に動いてもらうための打ち手が必要なの。何かいいアイデアはない？」

「あるよ」。父はあっさり答えた。

「え？　そうなの？」。葵は驚いてしまった。

「業務変革は父さんの本業だぞ。こうなることも予想できていたしな」

「えー　だったら早く対策を教えてよ。分かっていたなら、なんで先に教えてくれなかったの？」

葵をじっと見ると、父は静かに言った。「簡単に答えを求めるな。自分で考えろ」

予想外のカウンターパンチに、葵の表情が一瞬で固まる。

「これまで何を学んできたんだ？　考え方の循環サイクルを学んだんじゃないのか？」

「それはそうだけど…。でも、経験したことがない状況だし。考えても分からなかったから、こうして相談にきたんじゃない…」

「分からないから、経験したことがある人に聞くのか？　それじゃあ、その人はどうやって新しいことに対応してきたんだ？」。父の目はいつになく真剣だった。迫力に圧倒される。

葵の目に涙がたまっていく。「うっ…、でも…」

「新しい状況なんて、この先いくらでも出てくるぞ。知っている人に頼るのも大事なことだが、自分で考えて状況を切り開いていく力がなければ、結局は誰かの言うことをそのまま聞くしかなくなる。必要なのは経験でも答えでもなく、考える力なんじゃないのか？」

「だって…」。大粒の涙が目からこぼれ落ちた。

「だって、足踏みしたら行動しろって言ったじゃない！　だから聞きに来たのに…」

「自分でしっかり考えたうえでの相談ならいいんだ。答えをもらうための相談ではなく、自分の思考プロセスを改善するための相談だからな。でも答えを聞きに来るのはダメだ。それは相談とは言わない」

父にここまではっきり言われて、ドキッとした。気持ちが焦って、手っ取り早く対策を知りたかった。自分で考えるなんて到底無理と思ったからだ。

（ちょっと待って。思考プロセスを改善する…？）。そんな発想はなかったな。自分はどんなプロセスで考えていて、どうすればもっと深く考えられるようになるのだろうか。思考の流れを改善したら、自分で対策を考え付けるのだろうか？。

葵の頭の中で、何かが弾けた。（答えを求めるなって…、そういうこと？）。葵は急いで涙をふいた。

「分かった気がする！　ちょっと待ってて」

「いいよ。コーヒーを飲んでいるから、納得いくまで考えてみな」

父の隣で、葵は自分の振る舞いを思い起こしていた。（私はお父さんに、どういう対策を打ったら営業が動いてくれるのかって聞いちゃった。これは答えを求めていたわけよね）

では、自分はどうやって考えていたのか。記憶をたどってみる。（自分で考えて、問いを出して、ノートに書いた。でもそれではいいアイデアが出てこなかった。煮詰まった感じがして…）

一人で考えて、限界を感じていたのは確かだ。あれ以上、時間をかけてもダメだった気がする。では書き出した問いがイマイチだったのか、あるいは問いに対する答えがイマイチだったのか。（分かんないな。何が良くないんだろう。待てよ、これか！）

葵は勢いよく、父のほうに向き直った。「お父さん、私がどうやって考えたかを詳しく話すから、思考プロセスのどこがダメなのかアドバイスしてくれない？」。葵の言葉を聞くと、父はにっこり微笑んで言った。「聞こうか」

葵は二つの問いを出して自分なりの答えを書いたが、その答えが全然パッとしなかったこと、煮詰まったので柏に話を聞きに行ったこと。問いの出し方が悪いのか、それとも答えの出し方が悪いのか、自分では判断がつかないことを伝えた。

「どう考えたら、いい答えにたどり着けるの？　思考の仕方がおかしいの？」

「いや、とってもいい！　教えたことをよくやっている」

「え？　ほんと？」。父の思いがけない一言に、心が軽くなった。

「うん。成長していると思うよ。少なくとも、考えがバラバラでまとまらないとか、パンクしそうって感じではないだろ？」

「それは確かにそうかも。着実に前に進んでいるとは思うんだけど、もう一歩ジャンプできないというか、プロジェクトを引っ張れるくらいの思考ではないというか…」

父はゆっくりうなずくと、「もう一段階飛躍するための最後の鍵は、洞察だ」と言った。「ドウサツ？」。葵は「何それ？」という顔つきをする。それを見て、父はノートを取り出した。

「考え方の循環サイクルは、こうだよな」。父がノートにいつもの絵を描く。三つの箱が矢印でつながっている。

「これはゴールに向かって、真っすぐスムーズに考えるためのサイクルなんだ。三つの箱を大事にすれば、脳の力を最大限に引き出せる」

「うん」

「じゃあ、このサイクルの質は、何で決まるんだろうか?」。葵はさらに困った顔をする。

「小学生がこのサイクルを回すのと、父さんが回すのとでは、たぶん出てくるものが違うよな?」

「そりゃ、そうね」

「その違いは、どこからくるんだ?」

少しの沈黙。葵は、父の言葉を待つ。

「それは、その人に蓄えられている知識や経験、感性や勘によって決まるんだ。こんなイメージかな」。三つの箱の右側に、知識、経験、感性、勘の文字が追加された。

洞察とは何か

「知識や経験の厚みが思考の質に影響を与えているんだよ。分かるかな？」

「小学生とお父さんじゃ、知識や経験が全然違うから、同じサイクルで考えても、出てくる答えが違ってくるってことよね？」

「そう。じゃあ、知識や経験を増やすにはどうすればいい？　たくさん本を読む？　色々経験してみる？　もちろん、それも悪くない。でもそれ以上に効くのが洞察だ」

「洞察…」。葵にとっては聞き慣れない言葉だ。父が続ける。

「洞察力を発揮すると、見たものや聞いたものから、それ以上の気付きを引っ張り出せる。そうすると知識や経験がさらに拡大して、認知・思考・行動のサイクルの質も上がっていく」

右の洞察によって、知識や経験、感性や勘が鍛えられ、左の考え方の循環サイクルをより良いものにしてくれる。概念としては分かる気がする。でも具体的なイメージが湧いてこない。

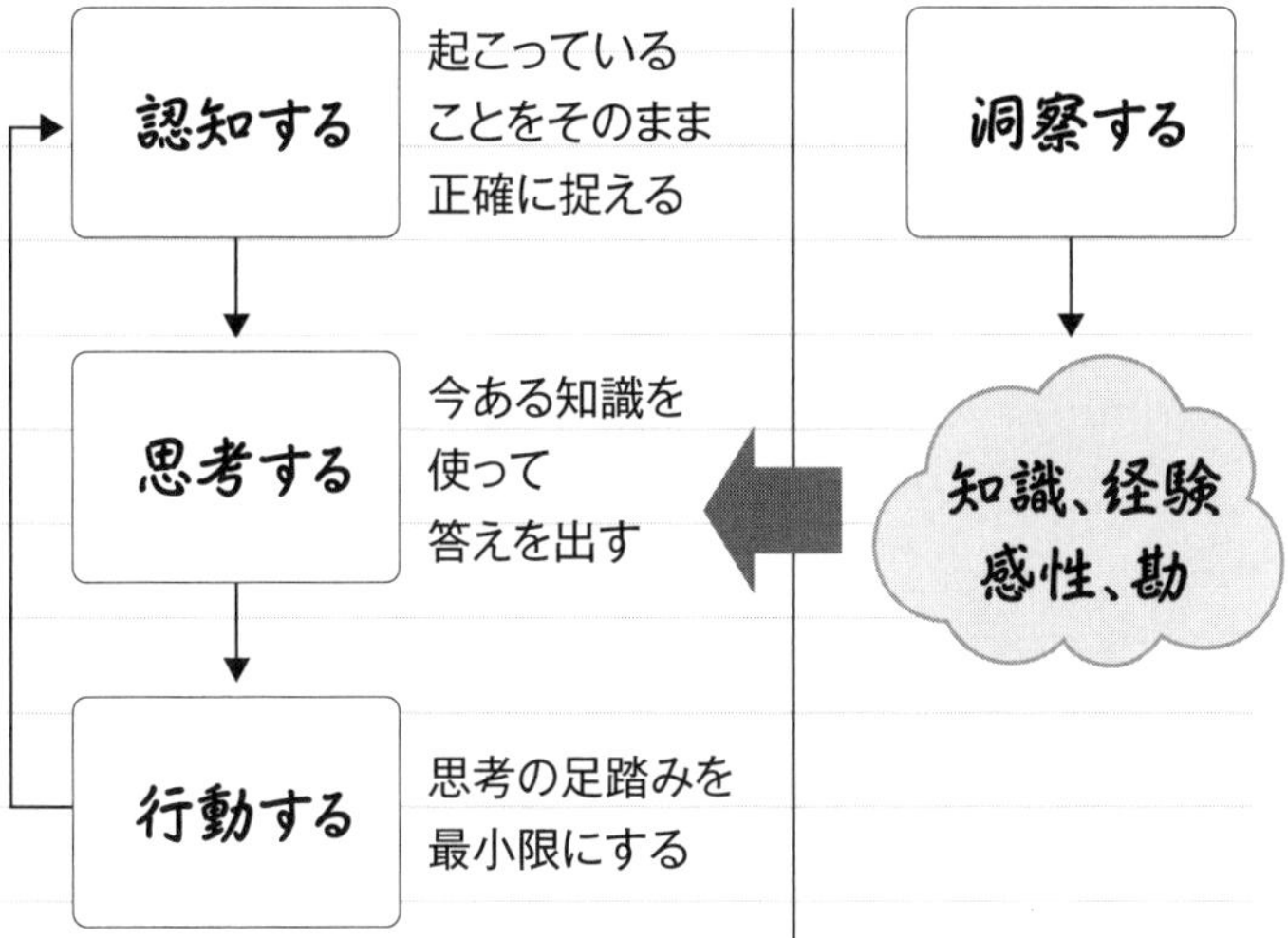

- ゴールに向かって真っすぐ思考する感じ
- 現有戦力で最大限スムーズに思考する

- 横にそれて思考する
- 現有戦力を底上げする

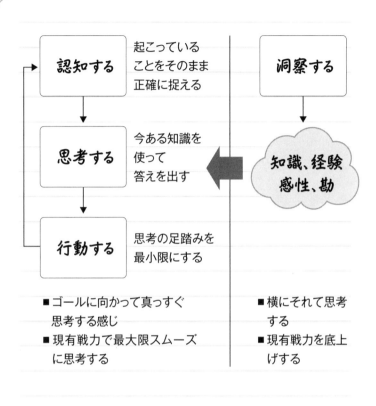

「分かるような、分からないような…」

「そうかもな。具体例を出すか、何がいいかな」。父は少し考えて、「他の部署から何か仕事を依頼されることがあるかな？」

「ある。商品開発部から『お客さんに新商品の紹介をしてくれ』って頼まれたり」

「新商品の紹介？　葵は営業じゃないのに？」

「そう。ネットワークの保守で客先訪問するときに、ついでに新商品の話もしてきてくれないかって。あんまりやる気にならないけど…」

父の目が光った。「いいね！　それでいこう。新商品の紹介を頼まれたら、どんな問いが出てくる？」

「そうねえ。どのお客さんを対象にしようかな、どういう話の流れで紹介しようかな、とかかな。いきなり電話をかけるか、メールで知らせるか、それこそメンテナンスで訪問したときに話を切り出すか。あとは土屋君に任せようかな、それとも自分一人でやろうかなとか」。父がノートに、葵の問いをメモしていく。

「すごくいいね。問いを出すのがうまくなっている。じゃあ、書き出した問いをよく見てみよう」。葵はノートをのぞき込んだ。

「葵が挙げた問いはどれも、新商品を紹介するため、つまり仕事を完了させるために必要な問いだ。目的に向かって真っすぐ進むための問いともいえる」

これらの問いがスッキリすれば、迷わず新商品の紹介ができそうだ。

「うんうん。それで洞察は？」。葵は首を傾げる。

「洞察ではあえて、少し横にそれてみる。さっき葵は『依頼されてもやる気にならない』って言ったよな？」

「え？　うん。やる気は出ないね…」

「洞察を深めるなら、『なぜ私はやる気にならないのか？』という問いが有効だ。これは仕事を進めるのに直接関係がない問いに見えるだろ？」

葵は驚いた。普段そんなことは考えない。さっさと仕事を進めたいし、土屋がそんなことを考えていたら、早く仕事しなさい！と注意してしまいそうだ。

「他にも『やる気になるときと、ならないときの差はなんだろう？』とか、『ここから得られる示唆はなんだろう？』なんて問いも洞察っぽいな」。父がノートに書き込みを増やしながら言った。

思考と洞察の違い

「私が挙げた問いとは全然違う…」

「そう、違うだろ？　ゴールを達成するために真っすぐ突き進む問いではなく、より多くの気付きを得るための問いなんだ。脇道にそれる『横の思考』と言ってもいい」

（自分から脇道にそれるの？　遠回りにならない？）。葵はまだうまく理解できない。だが父は続ける。

「横の思考ができるようになると、同じ事象を見ても、より多くのことに気が付けるようになるんだ」

ゴールに真っすぐ進む縦の思考と、気付きを増やして思考に深みをもたらす横の思考。前者は脳の力を最大限引き出す思考で、後者は脳の力そのものを増強させるための思考。葵は父がそう言っているように思えた。

「縦の思考はもちろん大事だが、横の思考がないと深みが出ないんだよ」

■他の部署から「お客さんに新商品を紹介してほしい」と頼まれる

■しかし、やる気にならない

思考

Q：どのお客さんを対象にしようか？

Q：どういう話の流れで紹介しようか？

Q：電話をかけるか？それともメール？

Q：土屋君には何を任せようか？

【ゴールを達成したい】
お客さんに新商品を紹介する

ゴール達成のための直線的な思考

洞察

Q：なぜやる気にならないのか？

Q：やる気になるときと、ならないときの差は何？

Q：ここから得られる示唆は？

【多くの気付きを得たい】
知識・経験・感性・勘を強化する

新たな気付きのための横の思考

そう言われてみると、普段の父は横の思考が多いように思えた。家族全員でニュースを見ても、父は「この情報を見た人の行動は、どう変わるんだろうか？」「この情報って、どの程度信ぴょう性があるのかな？」と、面倒くさいことばかり言っている。

同じニュースを見ていても、着眼点が葵とは違う。それは横の思考のせいなのか。つまり、洞察だったのかもしれない。葵は少しずつ父の言わんとしていることが分かってきた。

「そういうことか…。問いを書き出して考えるのは、横の思考でも一緒なの？」

「そうだ、基本は同じ。ただ、問いの質が違う。洞察の問いは、ゴールに真っすぐ進むわけじゃないから、一見無駄な思考に見える。だから多くの人がサボるんだ。今回の請求書フォーマットの件でも、こういうことはやっていないだろ？」。葵は黙ってうなずく。もちろんやっていない。

「でもさ…。これって本当に役立つの？　どうしても関係ない問いに見えちゃうんだけど…」

「洞察しなくても、目の前の仕事はこなせる。でも洞察できれば、新たな気付きや教訓が自分の中にたまり、仕事に生かせるようになっていくんだ。洞察にひと手間かけるだけで思考力を何倍にも高められる。もちろん、洞察だけでは解決できないことも多いけどな」

【洞察してみる（その1）】

「よし、じゃあ、実際に洞察を深めてみるか。せっかくだから、新商品の紹介を頼まれたケースでやってみよう」

「うん。やってみたい」

「まず洞察の問いだ。『葵はなぜ「やる気にならない」と感じるのか？』。もう一つは『やる気になるときと、ならないときの差はなんだ？』。この二つでいこう」。ノートに二つの問いが並んだ。

「これに対して、いつも通りに答えを書き出すだけ」

「うーん。これは結構難しそうだな」

「仮説でいいぞ。こうなんじゃないかってレベルでOKだ」。葵はこめかみを押さえ、独り言を言いながら、ノートに自分なりの考えを書き出す。

「えーっと、頼まれてもやる気にならないのは…。自分のメリットが分からないからかな。私がお客さんに新商品の紹介をすると、なんかいいことがあるのかなって思っちゃう。お客さんのためになる感じもしないし」。ノートにつぶやきを書き込む。

「結局のところ、私が新商品を紹介することのメリットが分からないのよねえ。これが大きな原因な気がする」。ここまで書くと、ペンが止まった。次の問いに移る。

「次はやる気になるときと、ならないときの差ね。そうだなあ、違いねえ。さっきと同じだけど、メリットがはっきりしているときかな。紹介した件数が多ければ、評価してもらえるとか。待てよ、お客さんの困りごとを解決できそうって思えたら、バンバン紹介するな」。ノートに書き込みが増える。

「あとはあれだ！　やらないと自分が困るとか、お客さんに迷惑をかけちゃうときもやる気になるっていうか、やらねばってモードになるね」

再び手が止まる。「こんなもんかな」

ノートには葵の思考の跡が書き出されているが、書き出した答えが浅くないか不安だ。いつもの思考と、あまり変わらないようにも思える。

葵はチラッと父を見る。父はノートを見ながら、「なるほど。いいじゃないか」と言った。少しホッとする。

でもこれで洞察ができているのか？　そう思っていると、父が「問いをもう一つ追加しよう。『この話から得られる教訓はなんだ？』と書いてくれ」と言った。これまた難しそうな問いだ。

「えー、なんだろ？」。葵は宙を少しにらみながら、「うーん。『人が積極的に行動するには、自分に明確なメリットがあるか、やらないと自分が困るという切迫感があるか、どちらかが必要だ』とか？」と不安げに言った。

「おー！　いいね！　なんだか新しい気付きを得た気がしないか？　これが洞察だ」。確かに一段深い思考をしたように思えるし、気付きっぽいものが生まれている。

「別に学術研究をしているわけじゃないんだから、これが普遍的な真理でなくても全然構わない。抜け・漏れがあっても偏っていても問題ない」

洞察その1

Q1：なぜ「やる気にならない」と感じたのか？

- おそらく「やるメリットが分からないから」かな？
- 会社全体として必要なのは分かるけど…
- 紹介したところで、私に直接メリットがあるわけじゃないし…
- お客さんのためになる気がしないんだよね

Q2：やる気になるときとならないときの差は？

- やる気になるのは、どんなとき？
- 自分のメリットがはっきりしているときかな
- 紹介したらその分評価が上がるとか
- お客さんの困りごとを解決できると分かったら、やる気になる
- やらないと自分が困るとか、お客さんに迷惑をかけてしまうとき

Q3：この話から得られる教訓は何？

- 人が積極的に行動するには、自分に明らかなメリットがあるか、やらないと自分が困るという切迫感があるか。少なくともそのどちらかが必要！?

「研究者じゃないもんね」

「そう。人が積極的に行動する理由は他にも色々ある。でも、ここではそんなことはどうでもよくて、自分なりに事象を解釈して、洞察を深め、新たな気付きを引き出したってことが大事なんだ。この気付きは、他の場面に応用できるかもしれないだろ？」

言われてみれば、この気付きは請求書フォーマットの件に当てはまりそうだ。

「請求書の件も、営業にとって分かりやすいメリットがないのかもしれないな。お客さんに迷惑をかけるっていう切迫感もなさそうだし」

「そう、それだ！　洞察で気付きがたまると、それが他のシーンにも使える武器になる。過去に経験して学んだことが武器になるなら、思考のキレもどんどん上がっていきそうだろ？」

（なるほど、これが洞察か。普段からこんなことをしていると、お父さんみたいな思考になるわけね）。父のすごさの源泉を見た気がした。

【洞察してみる（その2）】

「じゃあ、本題の請求書で考えてみるか」。父はノートをめくって、葵にペンを渡した。

「営業が思った通りに動いてくれないんだよな。請求書を標準化して効果を出す施策が前に進まないわけだ。これに対して縦に思考するんじゃなくて、横にそれて洞察を深めてみよう。どんな問いが出せそうだ？」

「えー」。これは難しい。葵はさっき、人が積極的に行動するには、自分に明らかなメリットがあるか、やらないと自分が困るという切迫感があるか、どちらかが必要と洞察を深めたことを思い出す。

（営業にしてみたら、標準化を進めるメリットはあるのかな。標準化を進めないと困るっていう切迫感はなさそうだよね。そういうのを問いにすればいいのかな）。ペンを動かし、三つの問いを出してみた。

Q1．なぜ営業は動いてくれないのか？
Q2．積極的に動かないと、営業は具体的に何か困るのか？
Q3．積極的に動くと、営業は具体的にどううれしいか？

これだけでも、頭から煙が出そう。「やばい、めっちゃ、脳みそを使う！」

「普段、いかに頭を使っていないかが分かるだろ」。父が笑った。

「すいませんねえ」

「でも、やってみると、考えることの質がちょっと違うだろ？」

「うん、全然違う」

「その感じだ。じゃあ、自分なりの答えを書いてみよう」

父に促され、洞察の問いと向き合う。

（なぜ営業は動いてくれないのかな。分からない…、なんでだろ？　積極的に動かないと、営業は困るんだっけ？　あんまり困ることはないか…商品を売るのが営業の最大の関心事だしな…）

（営業にとってうれしいことはあるんだっけ？　フォーマットがそろえば事務のミスは減るんだよね。メリットは確かにあるんだけど、営業には伝わっていないんだろうな）

思い返してみると、メリットはほとんど強調してこなかった気がする。

（私が営業だったら、積極的に動こうとはしないかもな。お客さんと交渉するのは面倒だし、大変な割には自分のメリットが少ないように見えちゃう）

新商品を紹介する話と構図が似ている。次の瞬間、葵は「これじゃ、営業が動いてくれないのは当然かも！」と言って、天井を見上げた。

その様子を見て、父が声をかける。

「やってみて、どうだい？」

「なんだろう、視点が広がっていくっていうか…違う角度から見ている感じ。それでだんだん営業の気持ちというか、問題がどこにあるのか分かってきた気がする！」

「いい洞察ができると、そんな風に見える世界が変わるんだ。起こっている事象から、それ以上の気付きを引っ張り出すとは、そういうことだ」

「今までは、とにかくリリースすれば動いてくれるものだと思っていたけど、そうじゃないね。営業のメリットをちゃんと示していかないと、うまくいかなそう」

父は満足そうにうなずいた。「これで葵の知識や経験が少し強化され、新しい観点が手に入ったわけだ」。確かに不思議な充足感があった。

「さて、この状態で縦の思考に戻ろう。何か新しいアイデアが出そうじゃないか？」

洞察その2

Q1：なぜ営業は動いてくれないのか？

- 分からない…何でだろう
- 「営業にやってほしいこと」は周知されていそうだけどな

Q2：積極的に動かないと、営業は具体的に何か困るのか？

- うーん、あまり困らないのかも…
- 商品を売るのが営業の最大の関心事だしな…

Q3：積極的に動くと、営業は具体的にどううれしいか？

- フォーマットがそろえば、事務のミスが減るよね
- けどなあ、営業にはあまり伝わっていないのかも
- そもそもメリットとして、ちょっと弱いかな…

営業が動いてくれないのは当然か？

洞察から再び縦の思考へ

「営業に積極的に動いてもらいたいわけだが、葵ならどんな問いを立てて考える？」

「えーっと、『どうすれば営業の積極的な行動を引き出せるか？』かな」

「いいね。自分なりの仮案を出してみて」。葵は先程の洞察を思い返しながら、施策を考えた。

「そうだなあ、行動するメリットを感じられるようにしたいな」

「例えば？」

「まず、説明会のスタイルを変えて、メリットを全力で伝える形式にするとか」。単純だが、効果はありそうだ。

「他にも、標準フォーマットに変えてくれたら、請求の事務作業をアウトソーシングできるようにするとか。こっちのほうがいいかも。事務作業が減ったら、営業は絶対にうれしいはず」

請求書発行業務を外注する計画があり、検討している最中だった。標準フォーマットに移行できたものから優先的にアウトソースしていけば、十分に実現できそうな気がする。これなら営業もメリットを感じてくれるだろう。

「あとはね、行動しないと罰則とか。堀井専務に呼び出してもらうとか…」と葵がつぶやく。

「そういうストレートなやり方もあるが、もっと間接的な方法もあるぞ。標準フォーマット以外を使う場合は、毎回申請書を出させるみたいなやり方だ。そんな面倒なことはみんな避けたいから、自然に標準フォーマットを使うようになる」

「なるほどね、賢い」。葵はノートに記述する。「でもなあ、効果はありそうだけど、こういうネガティブな施策は嫌だなあ。圧力をかけているみたいで」

葵は自分が営業だったらと想像してみる。(やっぱり気分は良くないよね。気持ちよく動きたいよなあ。待てよ、これもちょっとした洞察なのかも)。葵の頭の中を見透かしたように、父がタイミングよく口を開く。

「同調効果を狙うのもありだ」

「同調効果?　何それ?」

「標準フォーマットへの移行件数を見える化するとかかな。Aさんは十件移行してくれました。

Q：どうすれば営業の積極的な行動を引き出せるか？

案①行動するメリットを感じられるようにする

・説明会の内容を変えて、営業のメリットを全力で伝える形式にする

・標準フォーマットを使えば、事務作業をアウトソースできるようにする

案②行動をしないと、デメリットがある

・堀井専務に「やらないやつは呼び出す」と宣言してもらう

・標準フォーマットを使わないなら、毎回「申請書」を出す制約を設ける

→マイナスな施策はちょっと嫌だな。今回は一旦見送り

案③同調効果が働く環境をつくる

・誰が何件、標準フォーマットに移行したかを見える化して、同調効果を狙う

Bさんはまだ二件です。そんな感じで全員の状況を公開するんだ」

「ああ、確かに全員の状況が見えると、焦っちゃうな。いい施策かも！」

ノートにはいくつかの施策が書き出された。一度洞察を深めたことで、出てくるアイデアが随分変わった気がする。一人でやっていたときは、何も思い付かなかったのに。

「なんだかちゃんと施策が出てきた。すごい、洞察！」。素直な感想だった。

この中なら、案①と案③を試してみるのがよさそうだ。（先が全く見えなくて不安だったけど、これならなんとかなるかも）。葵は胸をなでおろした。

だが、まだ何か引っかかるものがある。施策は出せたし、これで目の前の難題は突破できるかもしれない。

（でも、また何かにつまずいたら、私はお父さんに頼るわけ？　今回もお父さんに頼ってばかり…）

葵は洞察には手応えを感じていた。これを自分のものにできたら、自分で考えて自分で道を切り開けるようになるかもしれない。葵は考えを巡らせた。

（今回はお父さんに手伝ってもらったけど、自分だけで洞察するには何が足りないんだろうか？　洞察と思考の違いを私は分かっているのかな？　なんか似てない？）

答えるべき問いが、頭の中で静かに浮き上がってくる。それを問いの形でノートに書き留める。自分なりの答えを探す。父は黙って葵を見ている。

（洞察の流れは、思考の４つのＳｔｅｐとかなり似ているな。問いを出して、自分なりの答えを書く。ただ、問いの出し方がまるで違うんだよね。的確に問いを出せれば…）。そこまで考えると、葵は父のほうに向き直った。

「お父さん！　私は自分ひとりで洞察できるようになりたい。っていうか、ならないとダメ」

「何をそんなに考え込んでいるのかと思ったら」。父は笑ったが、葵は真剣だ。

「洞察の問いってなんなの？　普通の問いと、どう違うの？」。葵の勢いに押されながら、父が質問に答える。

洞察の定番の問い

「これが洞察の問いだっていう定義があるわけじゃない。でも問いを出すヒントとして、『洞察の定番の問い』を参考にするのがいい」
「なにそれ！　もう、そういう便利なものがあるなら、最初から言ってよ」
「またそうやって、安易に答えを欲しがる」と言いながらも、父はパソコンを立ち上げて、定番の問いを見せてくれた。

「こんなにあるの？」。思わずリストを見入ってしまった。1〜10までカテゴリーがある。たくさんあっても、使いこなせるか不安だ。それを察してか、父が補足してくれた。

「これを参考にして、一つか二つ、自分なりに洞察の問いを出せば十分だよ。毎回全部のカテゴリーで問いを出していたら、いくら時間があっても足りない。あくまでも問いのヒントを得るために使えばいい」

（よかったあ、全部使いこなさないとダメなのかと思っちゃった）

■洞察の定番の問い

	カテゴリー	具体的な問いかけ	
1	抽象化	一言で言うと？　名前を付けるとしたら？ 極端に言うと？	認知向き
2	構造化	パターン化すると？　構造化すると？ 3つの要素に分けると？	認知向き
3	例示／置き換え	身近なものや自社に置き換えてみると？ 何かに例えると？　何と似ている？ 何かと対比させるとしたら？	認知向き
4	目的・狙い	どういう意図があるのか？　目的や狙いは何か？	認知向き
5	時間遷移	X年後、または、X年前だったら？ X年経ったら何が起こるか？	認知向き
6	憑依	顧客の立場、経営の立場、相手の立場だったら？	認知向き
7	影響	XXがあることで何が起こるか？ XXがない場合は何が起こるか？ 具体的には誰がどう困るのか？ 具体的に誰がどううれしいのか？	思考向き
8	要因	XXと感じるのはなぜか？ XXという状態や結果になるのはなぜか？ うまくいくときといかないときの差は何か？ 違いを生み出している源泉は何か？	思考向き
9	改善	何を変えたら、もっと良くなるか？ 何をすれば結果が変わったか？ 本当にそれだけで結果が変わるのか？	思考向き
10	示唆／教訓	ここから何が言えるか？　逆に何は言えないか？ 得られる示唆や教訓は何か？	＋α

よく見ると、さっきの洞察ではカテゴリー7と8を使ったように思える。部分的に使えば、十分なのだろう。
「定番の問いは、三つくらいに大別できる。簡単に解説しておくよ」

【認知向きの問い】

「カテゴリー1〜6は、『認知』と相性がいい。何か見聞きしたときは、この辺りの問いを使って洞察を深めるといい」
「例えばどんな感じ？」
「ちょっとやってみるか」。父はノートをめくった。
「営業が思った通りに行動してくれなくて、施策が進まないわけだろ？　これに対して、認知向きの問いをいくつかピックアップしてみよう」

父は、二つの問いをノートに書き出した。

Q1．この状況を一言で言うと？（カテゴリー1）
Q2．身近なものに置き換えてみると？（カテゴリー3）

「今回の状況を一言で言うと、どうなる？」

「一言で？　うーん、そうね。『指示しているのに言うことを聞かない営業』とか、『頼むプロジェクトチーム、右から左の営業チーム』とか？」

「面白い！　じゃあ、この状況を身近なものに置き換えると、どうなる？」

「えーっ」。葵はリビングの電球を見上げた。

「電気を消してって言うんだけど、右から左に聞き流してなかなか行動しない片澤さん、とか？」

「ははは。そうなのか」

「しょっちゅう電気を消してって言っているんだけど、全然消してくれなくて。消したほうがいいのは分かっているはずなのに。あとは、言っても動いてくれない片澤さんに悩む私」

「結婚して気付いた夫の意外な一面ってやつか」

「電気なんて大した問題じゃないと思っているんだろうな。消し忘れても困らないし。そもそも興味がないのかも。消したって、片澤さんにとっては、特にうれしくないもんね」。葵はいつものやり取りを思い浮かべた。

（そっか、営業も同じなのか）

状況：営業が動いてくれない。施策が進まない。
説明会はしているはずなのに…

Q1：この状況を一言で言うと？（カテゴリー 1）

A1：指示しているのに言うことを聞かない営業
頼むプロジェクトチーム、右から左の営業チーム

Q2：この状況は何と似ている？
身近なものに置き換えてみると？（カテゴリー 3）

A2：片澤が電気を消さない状況と似ている
・大した問題じゃないと思っている？
・消し忘れても、片澤は困らない？
・そもそも興味がない？
・消しても、実はあまりうれしいことがない？

・営業も同じかも？　やらないと困る状況をつくる必要がある？

葵の頭の中で、電気を消さない片澤と新しいフォーマットを使わない営業が重なった。

「さっきの話とつながるかも。自分が困る状況をつくらないと、行動してくれないのかな」。父に何か言われたわけではないのに、自然とアイデアが浮かんでくる。

「何かに置き換えたり、要素を抜き出してシンプルに捉えてみたり、比較したりすることで、起こっていることを多角的に見られるんだ。初めて見聞きする事象でも、知っているものに置き換えたら理解が深まるし、思考もしやすくなる。既に知っている何かと対比させられれば、初めての事象でもある程度は対応できるようになる」

「確かに『施策を指示したけど、営業が動いてくれない』という状況は葵にとって初めての経験だが、『頼んだけれど全然やってくれない』という状況なら、あちこちで経験している。（知らないことは、知っていることに置き換えて考える。なるほどね、そういう問いが洞察に利くのか）

【思考向きの問い】

「カテゴリー7～9は、『思考』と相性がいい。因果関係をひも解いたり、影響範囲を確認する問いが多いだろ？　これは思考で煮詰まったとき、問題にぶち当たって困っているときに手助けになる」

「そうか。さっきの請求書の話は、カテゴリー7や8の問いを使っていたってことなんだ」。葵は定番の問いを眺めながら言った。

問いを行ったり来たりしながら、洞察を深めていく。そのイメージはだいぶ分かってきた。洞察の定番の問いも便利だ。父は普段から、こんなことばかり考えているのか。

「こんなに頭を使っていたら、疲れない？」。葵は苦笑いしながら言った。

「洞察は生活に必要な行為だと思うけどね。色々な角度から物事を考えられると面白いし。これなくして、知識や経験、感性や勘は磨かれないよ」。父らしいコメントだ。

【プラスαの問い】

「磨くという意味では、カテゴリー10の問いが父さんは好きなんだ」。父がうれしそうに言う。

カテゴリー10は、示唆・教訓の問いだ。

「得られる示唆や、気付きを言語化して再利用性を高める問いだな」

さっき、この話から得られる教訓は何かと、父が追加したのを思い出した。そのおかげで、人に動いてもらうコツが、おぼろげながら言語化された。

「洞察したら、最後にカテゴリー10の問いに向き合うのが理想的といえる。洞察で何が分かったのか？　新たな発見は何か？　それを言語化できると武器が増える。自分で思考して洞察を深め、自分で次の道をつくる。それが思考力であり、洞察力なんだよ」

なんだがすごい話になってきたが、洞察の定番の問いがあれば、父を頼らずに洞察のまねごとはできそうな気がした。

「ありがとう！　なんとかなりそうな気がしてきた」

気付けば、営業に動いてもらうための施策は決まっていた。

「あとはこの施策を試してみればいいよね。それでもうまくいかなかったら…」と言って、葵は一呼吸置いた。（もうお父さんには頼らない。自分でやる！）

「それでもうまくいかなかったら、状況をきちんと認知して、もう一度、洞察を深めてみる。なぜうまくいっていないのか？　新たに分かったことはないのか？って。ちゃんと洞察すれば、次の思考のヒントがあるかもしれない！」

父は目を細めて、うれしそうにうなずいた。

片澤との振り返り

——その日の夜

家に戻った葵は、片澤に洞察の話をした。「お父さんと話していたら、なんかワクワクしてきちゃった！」

「面白そうだな。さすがお父さん。相変わらず神がかっているよ」。片澤が洗濯物を畳みながら、相づちを打つ。

確かに、父から教えてもらう話は、いつもすごい。

「でも、今日はちょっと、いつもと違ってみえたんだよね」

「どういうこと？」

考え方の循環サイクルが差を生む

「これまでは、頭の回転が速い人って、生まれつきの才能だと思っていたの。でも考え方の循環サイクルを知ってから、そうじゃないのかもって思えてきた。お父さんも昔からキレキレの神コンサルだったわけじゃなくて、洞察を積み重ねてきた結果、今のようになったんじゃないかって」

「なるほど。お父さんだって、昔は普通の子供だったわけか」。片澤がニヤリとした。

「そうね、きっと。お父さんの子供時代って想像できないけど」。葵も笑う。

「大路君と土屋君の違いも、ここから来ているんじゃないかな？　脳のスペックの差じゃなくて、サイクルを回して脳の筋トレを続けてきたかどうかの違いなんじゃないかしら？」

「そう考えると、つっちーもまだ遅くはないか？　これから洞察を重ねていけば、大化けするかも」。片澤がパチンと指を鳴らした。

（ホント？　さすがにそれは無理じゃない？）。葵は自分にツッコミを入れながら、また笑ってしまった。

経験や知識がなくても洞察できる

「もう一つ、今日驚いたのはね」と、葵はまだ話し足りない様子で、次の話題に移った。

「自分だけで施策まで出せたの！　自分で考えられた」

「へえ、すごいじゃん」。洗濯物を畳み終えた片澤は、ダイニングに腰を下ろした。

「こういうのって、知識や経験がないとダメだと思っていたんだけれど、そうじゃないみたい。自分で思考して、洞察して、その繰り返しで成長していくんだなって思った！　だからちゃんと洞察しなくちゃって思ったの。そしたら面白くなってきちゃって」

「それは劇的な変化だな。あまり頭を使いたがらない、保守的な葵が」

「うるさいなあ。ここは褒めるところでしょ」

洞察を日常生活に持ち込む

「じゃあさ、洞察、やってみようよ」

そう言って、片澤はスマホのニュースアプリを眺め、「学生が選ぶ人気就職先ランキング」に目を留めた。「これなんかどう？」。普段なら「へえ、そうなんだ」で終わるような記事だ。

「これを題材にしてさ」と片澤に促されて、葵の脳が動く。

洞察を深めるなら、どんな問いがいいだろうか。葵は父にもらった洞察の定番の問いを引っ張り出した。

「そうね…。そもそもこのランキングは、どういう意味があるんだろう？　どんな狙いでランキングしているのかな？（カテゴリー4）」

「意味か。仕事をしたことがない学生が、就職先を選ぶわけだろ？　社会人経験がある人が選ぶなら分かるけど…」。片澤が言った。

「例えるなら（カテゴリー3）、サッカーをしたことない人が選ぶ人気スパイクランキングって感じじゃない？」

「何それー、そう考えると面白い」。葵は笑いながら、ランキングに視線を落とした。

「だとしたら、このランキングから何が言えるんだろう？　得られる示唆は何なんだろう？（カテゴリー10）」。考えてみる。

（何が言える？　あまり意味がないランキングに見えちゃうな）

「なかなか難しいね」と片澤。そして続ける。

「見方を変えて、このランキングが出ると誰がうれしいんだ？（カテゴリー7）」

「誰がうれしいか。ランキングに載っている企業？　学生がたくさん集まるから、きっとうれしいだろうな」。こんなランキングが出たら、上位企業にはますます学生が集まりそうだ。

どんどん洞察の問いが出てくる。普段、こんな視点でニュースを見たことがなかった。だが洞察を深め始めると止まらない。今度は葵が問いを出す。

「学生の立場だったら、このランキングをどう見るんだろう？（カテゴリー6）どんな影響を受けるかな？（カテゴリー7）」

「あんまり真剣に就職先を考えていない学生は、ランキングにつられて上位企業にエントリーするんだろうな。とりあえず人気だから。自分で考えて選んでほしいもんだけどな」

「確かにね。なんかランキング批判っぽくなっちゃったけど。これってどうすれば、もっといいデータになるかな？（カテゴリー9）」

葵は自分で問いを出し、想像してみた。会社は入社してみて初めて分かることが実に多い。学生として外から見ていたときの企業イメージと、実際に入社してからのイメージは異なるはずだ。だとしたら…。

「実際に働いてみたときのギャップランキングがあったら面白くない？」

「それはいいな。人気ランキングは高くても、実際に働いてみたときのギャップが大きいなら、イメージ先行の要注意企業ってことになるな。ギャップが少ない企業は、イメージ通りの企業と読み取れるわけか」

「そうそう。私、結構すごくない？」

「葵にしては柔軟な発想だねえ」

夜中に夫婦で何をやっているのか。不思議な絵面だ。でも葵は意外と楽しんでいる自分に驚いていた。

（洞察って、結構面白いかも）

「こういうランキングを見て、何も考えずにうのみにしちゃダメってことね。自分で考えて、自分で道を切り開いていかないと」。妙にやる気になっている葵を見て、片澤がまた笑った。

「自分で切り開くのは結構だけど、まずは営業を動かして請求書の標準化を進めないとな」

「それなんだけど、営業の柏さんに相談してみようと思っているんだけど、どう思う？」

「いいんじゃない。あ、でも、それだったらさ…」。洗濯物はすっかり片付いていたが、葵と片澤の作戦会議はまだまだ続きそうだ。

父の日記

洞察の重要性は、葵に伝わっただろうか。洞察の楽しさも伝わると最高なんだが。自分で洞察できるようになるには時間がかかるが、人生においてこれほど大事なものはない。葵には自分なりのやり方を身に付けてほしい。そしていずれは、葵が俊介に教える日が来てほしいものだ。

◆考え方の循環サイクルの全体像

葵には段階的に伝えてきたが、最終的に考え方の循環サイクルはこうなる。各要素を再整理しておくか。

【認知】

思考の始まりは認知。物事をありのまま、正しく受け止める。「言葉」「状況」「意図」

に分けて認知することで精度が上がる。

【思考】

認知ができたら、思考に入る。認知せずに思考してはダメ。思考は答えるべき問いを設定し、自分なりに答えを出すこと。これは4つのStepに分解できる。「問いを書き出し」「考えるべきことに順番を付け」「答えを書き出しながら考える」。そして「具体的には?」「なぜ?」の問いかけで思考を深めていく。4つのStepを踏むことで思考が迷子にならず、スムーズに考えられるようになる。

【気付く】

思考はすぐに煮詰まる。足踏みにすぐ気付くことで、思考全体のスピードが上がる。

【行動】

思考の足踏みは、「話す」「集める」「休む」の三つの行動で回避する。行動で思考の足踏みを最少にすることで、スピードが上がる。

■考え方の循環サイクルの全体像

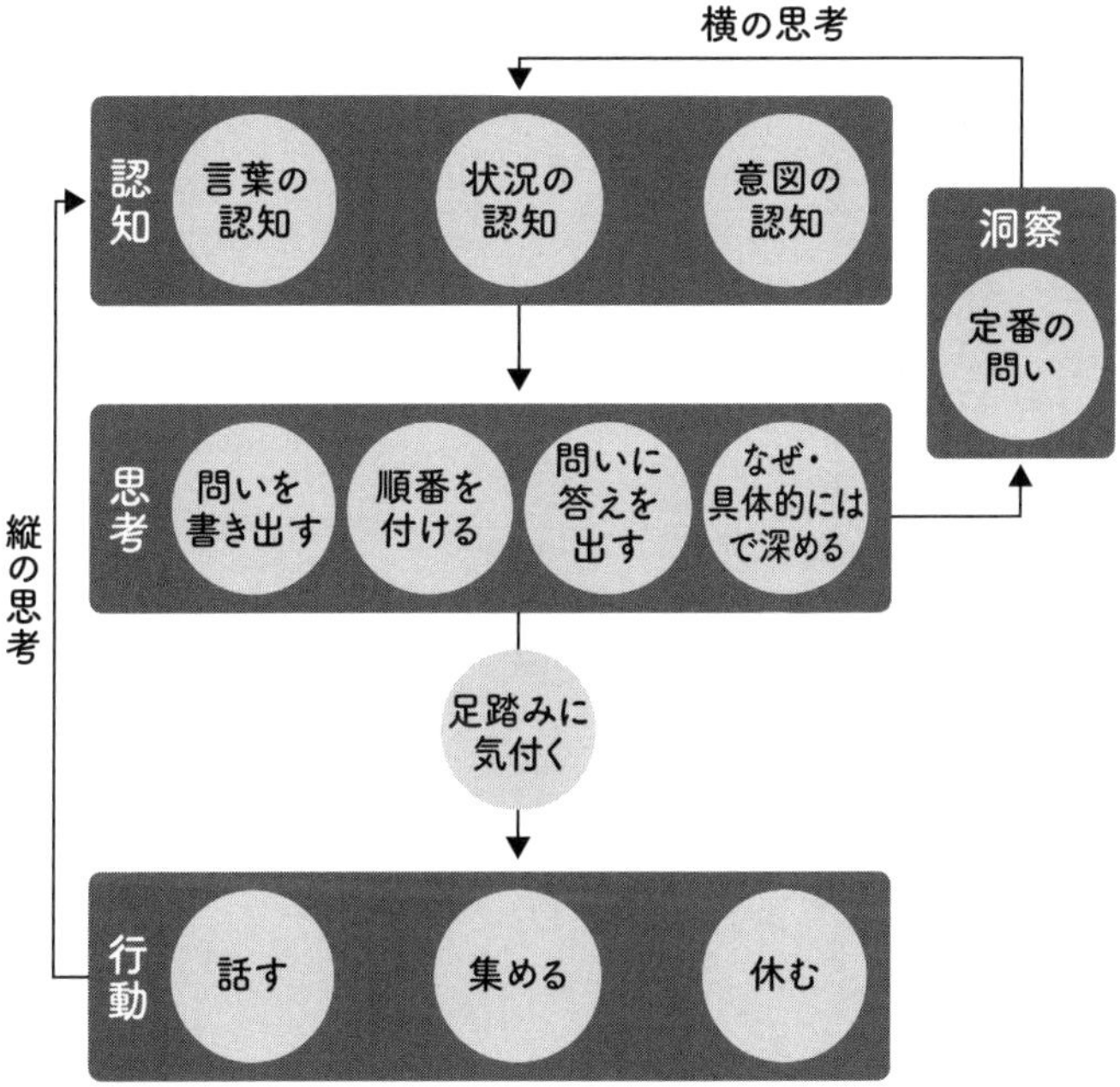

【洞察】

洞察は「ここから何が言えるのか？　何が分かったのか？」という問いに答えることだ。洞察によって、新たな気付きを得る。洞察を手助けするツールが「洞察の定番の問い」である。

【縦の思考】

「認知」「思考」「行動」をグルグル回すことで、目的に真っすぐ向かう思考ができる。これが縦の思考。脳の力を最大限に引き出すサイクルと言える。

【横の思考】

一方で、脳の力そのものを増強させるのが「洞察」。洞察で蓄えられた知識や知恵が脳の基礎力を上げ、縦の思考の質を底上げする。縦だけでもダメ。横だけでもダメ。両立させるから、考える力が高まる。

◆自分の思考の弱点を自覚する

考え方の循環サイクルは、全体がきちんと回って初めて価値を発揮する。だから弱いところは補強し、全体がスムーズに流れるようにすべきだ。

ところがほとんどの人は「自分は思考力が弱い」と思っていない。「若い連中は頭を使わなくて困る。自分は散々考えたものだ」なんて言う上司は、自分はできている前提で話している。

思考の難しさを知っている人ほど、「自分はまだまだだ」と謙虚になる。場当たり的に思考している人ほど、「自分は十分にできている」と過信する。

考え方の循環サイクルを体系的に理解し、自分の状態をきちんと自覚することが改善の第一歩だ。

◆うんちくだけ語る人間になるな

これは持論だが、昔は「知っていること」に価値があった。だがインターネットの時代は、知ってることにはほとんど価値がない。誰でも簡単に調べられる。問題は、それをどう解釈するか、新しい気付きをどう引き出すか。つまり、洞察が価値になる。

葵は暗記で勉強してきたタイプだから、本当に心配だ。

考えてみれば当たり前だが、暗記で終わるか、洞察までできるかで、その後の人生が全く違ってくるんだよな。そこまで大きな話をしていることに、いずれ気付いてほしい。

◆思考力が人生を左右する時代になる

洞察を続けていくと、一定の真理というか、原理みたいなものが見えてくる。例えば、「人は動機がないと動かない」とか。

これ自体は大した話じゃないが、こういう仮説を持てると、応用が利くようになる。片付けができない子に「片付けなさい」と言うのではなく、「片付けると何が良いのか？」を伝えるのが有効なのでは？とかもな。

もちろん、この程度のことは書籍で勉強できるだろう。文献や先人の知恵は有効だ。活用しない手はない。

でも、それだけだと「教えてもらっていないからできない」「やったことがないからできない」となってしまう。実際にそんなセリフをたまに聞くが、旧世界の価値観でしかない。「教えてもらっていないことでも、自分で考えて道を切り開く」力が絶対に必要なんだ。

これだけ変化が激しい時代には、誰も経験していないことがどんどん出てくる。誰もやったことがない、誰も教えられないことばかりの世界に、もう変わってしまっているのだと思う。

「教えてくれればできます」だったら、ロボットでいい。状況を的確に理解し、教えてもらっていないことでも、どうやったらできるかを思考して、必要に応じて他人の力を借りながら行動する。そうやってチャレンジしていくのが人間だ。

俊介にはそういう教育を受けてほしいものだ。歴史を丸暗記するような教育や、教えてもらったことを愚直にやり続けるだけの教育ではいけない。自分で考える力を鍛える教育が、次の時代を切り開くはずだ。

実践編：「洞察する」を現場で試す

NNPは本社ビルの中に、おしゃれなカフェフロアがある。執務フロアとは雰囲気が異なり、気分転換に来る社員も多い。もちろん、仕事をしてもOKだ。

葵と土屋はテーブルでコーヒーを飲みながら、人を待っていた。すると後ろから大きな声が。

「おう、久しぶりだな。元気にやってるか?」

営業担当の執行役員である三河だ。相変わらず豪快な話し口調をさく裂させると、ニカっと笑顔を向けた。三河とは数年前に、別のプロジェクトで仕事をしたことがあった。そのときは第一営業部の部長だったが、今では営業部門を束ねる立場になっていた。

「お久しぶりです。お忙しいなか、お時間をいただきまして、ありがとうございます。今のプロジェクトは大変ですが、なんとかやっています!」

請求書の標準化を推進するには三河を味方に付けなければと、葵は片澤からアドバイスをもらっていた。

「俺たち営業の腰が重いから、困っているみたいですよ?」。隣にいた柏が一言添える。

プロジェクトに直接関わってくれている柏と、営業のトップである三河。この二人を押さえられたら、営業が動くはずだ。そう考えて、今日の打ち合わせをセッティングした。

雑談もそこそこに、まずは今日の趣旨を伝える。「私たちのプロジェクトで請求書の統一をしたのはご存じですよね?」。三河は返事をする代わりに、目で合図した。
「でも、営業が全然動いてくれないんです。せっかく請求書を統一できて、あとは効果を刈り取るだけなんですが……」

葵は自分の考えをひとしきり伝えることにした。営業が動いてくれないのは、説明不足や理解不足によるものではなく、必要性を感じていないのが原因かもしれないこと。状況を打破する打ち手として、二つ考えたこと。一つは移行状況の見える化、もう一つが標準化した請求書の利用を前提とした事務作業のアウトソーシング、である。葵はここまで一気に話すと、三河の顔をもう一度よく見ながら伝えた。

「二つの打ち手は、私が勝手に考えているものですが、営業のご意見を聞きたくて、打ち合わせの時間をいただきました。このメンバーで施策案に合意できた状態までもっていきたいと思っています」。さりげなく、「終了条件」も確認しておく(『世界で一番やさしい会議の教科書』を参照)。打ち合わせも立派な会議だ。

手元のノートに、これからの議論を可視化(スクライブ)するのも忘れない。父から学んだファシリテーションの技術がすっかり身に付いている。

いきなり怒鳴られることも覚悟していたが、三河は穏やかな口調で言った。

「今日の趣旨は分かった。結構考えてくれているんだな。打ち手も悪くねえと思うよ。俺からもちゃんと動くように言ってるんだ。でもなかなかなあ」

「我々営業からすると、分かりやすいメリットがないと、後回しにしちゃうんでしょうね」。

柏がフォローする。

「長い目で見たら、絶対楽になるはずなんですけどね。請求書の事務なんて標準化されているほうがいいに決まっている」

「そうなんだけどなあ。ウチの連中はよ、決まったことをちゃんとやる事務能力がまだまだ低いんだよ」

「打ち手はどうですか？　罰則みたいなものも考えたんですが、私だったら嫌だなと思って、先ほどの二つには含めていません。逆に自分が営業だったら、どうしてほしいかという視点で考えたんです」

「悪くないよ。でも、これだけで動くかな？」と柏が疑う。もちろん、葵にも分からない。そう言われると、一気に不安になる。

「営業も他にやることがいっぱいあるからな」

三河は渋い表情をつくったままだ。営業が色々な活動で常に忙しいのはウソではない。葵は頭を抱えた。

（焦っちゃダメ。こんなときこそ、思考の4つのＳｔｅｐよね。私が「答えるべき問い」は何だろう？）。思考のＳｔｅｐ1だ。ノートに問いを書き出してみる。

ノートに書き出すと、やっぱり頭が整理される。（でも、この先どうしよう）。自分がスッキリしただけでは前に進まない。そう思った直後、柏が葵のノートを見ながら、「いいね、論点整理。助かるわ」と言った。意外な反応だった。

（え？　自分のために書いたんだけど、もしかしてこれ、そのまま議論に使える？）

「えっと…。どれから議論しましょうか？　問3からかな？　そもそも、ここがズレていると、話が前に進みませんよね？」

今日の打ち合わせの背景

- 請求書は統一できたが、営業が動いてくれない
- 説明不足や理解不足ではなく、必要性を感じていないから?
- 施策を2つ考えているが、まだ個人的な仮説なので相談したい

今日のゴール

- 施策案に合意できた状態

議論

- 三河さんからも動くように言っている
- 営業には、分かりやすいメリットが必要
- 営業は、決まったことをちゃんとやる能力が低い
- 施策案はどう?
- 悪くはない
- これだけで十分動けるか?
- 営業も忙しい。他にもやるべきことがある

　⋮

【答えるべき問いは何だろう?】

- 問1：施策はこれで十分か?
- 問2：この施策で状況が改善する余地はあるか?
- 問3：そもそも現状は問題か?　手を打つ必要があるのか?

三河と柏がノートに視線を落としながら、うなずく。

これはStep2の順番を付ける作業に相当するように思える。


【問3．そもそも現状は問題か？　手を打つ必要があるのか？】


「どう思います？」。葵が答えを促す。

「さすがに問題じゃないか」。柏が即座に応じる。

「三河さんはどうですか？」

「俺もそう思うな」


二人のコメントをノートに書き込む。危機意識は共有できている。少し安心した。でも、なぜそう思っているのか、理由が分からない。その瞬間、葵の頭に電撃が走った。

（そうか！「具体的には？」と「なぜ？」で深掘りすればいいんだ。一人で思考するときと同じなんだよね！）


「三河さん、確認したいんですが、なぜ問題だと感じているんですか？」

「いや、そりゃな。営業だけの問題じゃなく、会社としてやっていることだからな。やるべきことをやれていないわけだから、そりゃ問題だろ」

柏が続く。「それに請求書を統一できれば、本当に効果が出ると思いますよ。刈り取るだけなのに、もったいないですよね」

「では、問題意識はみんなそろっていそうですね！」

三河と柏が、実は取り組みに消極的なのではないかと、葵は少し不安だったが、二人とも前向きにとらえてくれている。

「自分で言っておいてなんだが、会社として取り組んでいて効果も期待できそうなのに、肝心の営業が動いてねえのは大問題だな」

三河が独り言のようにつぶやいた。葵が問いを投げ、三河が答えることで、三河自身の頭も整理されたのかもしれない。葵は問2を持ち出す。

【問2. この施策で状況が改善する余地はあるか？】

「そうなると、次に議論したいのはこれですかね」。葵はノートを指さした。

「まあ、考えてくれた二つの施策で、前進はするだろうな。でもよ、これで十分か？　何か足りねえ気がしてんだよな」

「確かにそうですね。でも十分かどうかは問1の論点で挙がっていますから。まずはこの問いに答えを出しちゃいませんか？」。焦ることはない。問いごとに整理していけばいい。

「そういう意味では、やらないよりは、やったほうがいいな」。三河は否定しているわけではない。だが葵は不安なままだ。（やったほうがいい、三河さんの認識は、そのレベルなのかな。手間をかけてでもやるべき施策なのかを確認したいんだよな）。次の問いが生まれる。すかさず、ノートに書き込む。

【追加の問い：手間をかけてでもやるべき価値があるか？】

「やらないよりはやったほうがいいですよね。それは分かります。ですが、手間をかけてでもやったほうがいいかは、どうなんでしょう？」

「大事な確認だね」。柏が後押ししてくれる。

「間違いなく、やったほうがいいだろうな。営業一人ひとりの移行状況が見える化されて張り出されたら、動く人は出てくる」

三河の一言を受けて、葵がすかさず深掘りする。

「具体的には、どのくらいの営業が、どんな風に動いてくれるとイメージしていますか？」

「そうだな、営業フロアに紙を張り出すだろ。すると営業二課の長井や船見あたりが面白がって、紙を見ながらでかい声で雑談を始めるんだ」

「いかにもって感じ、ありそうですね。なんでもゲーム感覚で突き進めるタイプだから」。柏がおかしそうに言った。

「だろ？　目に浮かぶよな。全員とは言わないが、三割くらいは動くんじゃねえか」

「三割も？」。葵の想像より、ずっと効果がありそうだ。これはもうやるしかない。ただし、もう一つの問いが残っている。


【問1．施策はこれで十分か？】


「最後はこの問いですね。施策はこれで十分でしょうか？　どう思いますか？」

「さっきも言ったが、十分な感じはしねーんだよ」と三河。

「そうですけどね。でも他に何かいい施策がありますか？」。柏が三河に聞き返す。

「うーん」

「葵ちゃんが言う通り、罰則的な施策は嫌だしな」。柏もうなる。

葵自身もかなり考えた末、二つの施策に行き着いている。このまま議論していても、新しいアイデアがすぐに出る感じはしない。

（あれ？　思考が煮詰まっている？　じゃあ、次は行動じゃない？）

そう思った瞬間、さっきから一言もしゃべらずにいた土屋が突然、口を開いた。「一旦、この二つの施策をやってみませんか？」

三人が一斉に土屋を見る。「え、いや。だって、みんな現状は問題だと思っているわけですし。葵さんが考えた打ち手はある程度の効果は出そうですし…。だったら、とにかくやってみるのがよいのでは…」。だんだん語尾の声が小さくなっていく。三河を前にして、相当緊張しているのだろう。

一瞬の沈黙。土屋がゴクリと息を飲む。

「よっしゃ！」。沈黙を破ったのは三河だった。

「やってみて、足りなかったら次の施策を考えるか」。三河はそう言って、うれしそうに土屋の肩をたたいた。

「ですね。やってみて分かることも多いでしょうし」。柏も同意する。

「これでアクションは決まりですね！　段取りは私たちプロジェクトチームでやりますので、三河さんと柏さんは後押しをお願いしますね」。葵がこの場を締めた。

「おう。なんかスッキリしたわ！　こっちもやる気になってきたぞ」。三河は威勢よく立ち上がった。

「三河さん、今まで全然やる気も関心もなかったですもんね」。柏が三河をいじる。

「うるせえな。今までは、よく分かっていなかったからよ。でもこうやって議論すると、霧が晴れるよな。やる気になった俺は強力だぜ？　柏、早速、メンバーを集めてくれや」。三河は柏の肩をたたきながら、うれしそうにカフェを出ていった。

　葵はすっかり冷めてしまったコーヒーを一口飲むと、テーブルに突っ伏した。「疲れたあ。でもアクションまでいけたね」。葵がつぶやくと、土屋がぽつりと感想を口にした。

【問3】

・問題だろうな

Q. なぜ問題だと感じているのか？

　・会社としてやっている取り組みだ

　・やるべきことをやれていない

　・やれば効果が出るはずなのに、もったいない

　・言われてみれば、結構重要な問題かもしれない

【問2】

・一定の効果は出そう！

・やらないよりはやったほうがよい

Q. 手間をかけてでもやったほうがよい？

　・Yes

　・移行状況を張り出したら（見える化したら）動く人が出てくる

Q. 具体的にはどんな風に？

　・一部の営業が面白がって雑談を始めるはず

　・ゲーム感覚で取り組むんじゃないか

　・3割くらいの営業が動くかな

【問1】

・十分な感じはしない

・他にいい施策案は？　→　すぐには出てこない

・一旦やってみるか。やってみて、次の施策を考えよう

今日の打ち合わせの背景

・請求書は統一できたが、営業が動いてくれない
・説明不足や理解不足ではなく、必要性を感じていないから?
・施策を2つ考えているが、まだ個人的な仮説なので相談したい

今日のゴール

・施策案に合意できた状態

議論

・三河さんからも動くように言っている
・営業には、分かりやすいメリットが必要
・営業は、決まったことをちゃんとやる能力が低い
・施策案はどう?
・悪くはない
・これだけで十分動けるか?
・営業も忙しい。他にもやるべきことがある
⋮

【答えるべき問いは何だろう?】

・問1:施策はこれで十分か?
・問2:この施策で状況が改善する余地はあるか?
・問3:そもそも現状は問題か?　手を打つ必要があるのか?

「変な言い方ですけど、面白かったです」

「え？　そう？　具体的には、どんなところが？」。葵が思わず、聞き返す。

「えっと、最初はプロジェクトチームだけで考えて、営業にはそれに従ってもらえればいいと思っていたんです。でも関わる人たちはみんな、チームの一員なんですね。葵さんが問いを書き出してくれて、みんなで共有できたから、一緒に考えて答えを出せたのかも」

土屋に言われて、葵は先ほどの感覚を思い出す。

一人で思考する感覚と同じように、チームでも思考できた気がした。「今まではずっと一人で考えてきたけど、周囲を巻き込んで一緒に考える感じ？　これが物事を前に進める秘訣なのかもね。いい感じで議論できたよね？」

「はい。あの三河さんが一度も怒鳴りませんでしたし」。土屋が目を細めながら笑った。チームで考えるなんて当たり前のようだが、今回初めてチームで思考できた気がした。

第7章 エピローグ

――三河と施策を議論してから数カ月後

これまでは、言われたことをうまくやることばかりを考えていた。それはそれで手応えはあった。過去の取り組みで会議も良くなったし、資料作りも変わった。

だが、思考が回り出すと、世界が変わった。自分で考えて、行動する。行動すると状況が変わり、新しい情報が増える。自然と洞察の問いが出てくるし、洞察によって新たな気付きが生まれる。新たな気付きは、「こうしたい」「こうすべき」「これを試したい」という思いに変わっていった。

試行錯誤しながら、葵は施策を実行し、状況を見て洞察して、また次の施策を考えた。

――楽しかった。仕事にかつてない充実感を覚えていた。

もちろん「楽」ではない。でも不思議と不安はなかった。考えて、周囲の力を借り、行動を起こして、また考える。やらされているのではなく、自らやりたいと思える。気が付けば自然とリーダーシップを発揮して、プロジェクトの前面に立っていた。

そして遂に、営業が動いてくれた。しかも動きだしたら、あとは驚くほど早かった。請求書の標準フォーマットが一気に浸透し、請求に関連するミスも手間も大幅に減った。

不思議なもので、一度いいほうに変化すると、もう前の状態には戻れない。営業はよほどのことがない限り、顧客に標準フォーマットを推奨して使うようになった。昔からやっていた、当たり前の業務のように。

これがプロジェクトを引っ張るということか。葵は大きな壁を突き抜けたような、確かな手応えを感じていた。

プロジェクト定例会の雰囲気も明るくなった。
「堀井さんも満足そうだし、本当にうまくいってよかったよ」。西山が顔をほころばせる。
「でもまだ、他の施策もありますし、やることはたくさん残っていますよ」。西山につられて、葵もうれしそうに答えた。

「そう、そうなんだけどね。鈴川さんに大事な相談があるんだよ。四月の人事で異動の話が来ているんだ。業務変革推進室が大きなプロジェクトを始めるらしく、鈴川さんにプロジェクトマネジャーをやってほしいって」。西山がいつになく真面目な顔をする。

「ええ！　初めて聞きました…」

「僕も聞いたのは昨日だよ。どうやら堀井さんが鈴川さんを推したらしいんだ」

驚きだ。プロジェクトマネジャーといえば、西山に近い立場でチームを引っ張る役目である。

——チャレンジしたい！

葵は自然とそう思えた。しかし、請求書の取り組みはまだまだやることが残っている。アウトソーソングまで視野に入れている以上、先は相当長い。今、私がプロジェクトを抜けるわけにはいかない。やりたい気持ちをぐっと抑え込む。

「異動の話はありがたいですが、まだこのプロジェクトを離れるわけにはいきません。私が抜けたら、この先、誰がプロジェクトを引っ張るんですか？　ここまでうまくやってきましたけど、私はもっと成果を出せる取り組みだと思っています」

このプロジェクトは、会社に大きく貢献できている。そしてもっと貢献できるはずだ。その歩みを止めたくない。葵は真っすぐ西山の顔を見た。

一瞬の間を置いて、隣で話を聞いていた土屋が言った。「僕がやりますよ」

衝撃的な一言だった。「僕が葵さんの代わりにプロジェクトを引っ張ります」

最近、頼もしくなってきたなとは思っていたが。自分からそんなことを言い出すタイプではない。土屋は頭をかいた。

「大丈夫かって顔をしないでくださいよ。僕だって不安を承知で言っているんですから」。照れくさそうにしているが、声に力が込もっている。

「葵さんに色々教えてもらって、ちゃんと自分で考えられるようになってきた気がするんです。脳が動いているのを実感できるというか。ただ、葵さんがそばにいると、つい自分で考えることをサボってしまうので、もう先輩には頼れない環境で仕事をしてみたいなって思って…」

「すごい！　この前までは、仕事なんて言われた通りにやればいいんでしょって言っていたのに！」

「まあ、そんなときもありましたけど…」。土屋はまた頭をかいた。

「とにかく、最近仕事が楽しいんすよ。自分で頭を使うようになってから。今までより忙しくなっているのに面白いんです」。土屋は照れくさそうに笑った。

葵は涙目になった。土屋の口から「仕事が楽しい、面白い」なんてセリフが出てくる日がくるなんて。

「葵さんとプロジェクトのおかげですかね。なんか救われた感じがしたんですよ。霧が晴れたっていうか、モヤモヤが消えたっていうか」。

葵はブルッと体が震えるのを感じた。人が成長する瞬間を見た気がした。

「あとは僕に任せて、次の部署でも僕みたいに迷っているヤツを救ってあげてください」。土屋の声が部屋に響いた。

あとがき

長かった考え方のストーリーは、これでおしまい。物語に自分を投影しながら読んでもらえただろうか？　自信がないところや弱い部分が見つかっただろうか？

冒頭でも書いたが、私は単に考え方の方法論を語るだけではなく、物語に載せて実感を持ちながら読んでもらうことが大切だと思っていた。そもそも分かりづらい話だからだ。

主人公に感情移入しながら読み進め、主人公と同じように疑問を持ち、変化を追体験する。それでようやく伝わるかどうか。

そんなことにこだわっていたら、本書を出すまでに前作から三年以上経ってしまった。書いて、悩んで、書き直す。まさに、考え方の循環サイクルを回しながら。その分、妥協がない内容になったと思っている。

「秘伝のタレ」を公開してしまった

少し大げさに言えば、考え方の循環サイクルが当たり前のものとして身に付いていること自体が、当社の競争力の源泉になっている。だから本書を執筆しながら、「公開してしまってていいのか？」「門外不出の秘伝のタレにしておいたほうがいいのではないか？」という気持ちと何度も格闘することになった。

しかし、当社のカルチャーは「ＯＰＥＮ」であり、ビジョンの１つは「変革人材であふれた世界をつくる」である。情報を秘匿するのではなく、みなさんと共有していくべき。思案の末、自然とそういう結論に至った。

『世界で一番やさしい会議の教科書』『世界で一番やさしい資料作りの教科書』と並んで、合計三つの教科書がビジネスパーソンの必須科目になったら、変革人材であふれる世界を実現できるかもしれない。

思考力で世の中を変える

思考力が上がれば、良いとされる行動を誰かに教えてもらわなくても、自分で考え出せるようになる。「魚を与えるのではなく、魚の釣り方を教える」という話があるが、今回はさらにその先、「魚の釣り方を自分で考え出せる」ことを狙った。

欧米から輸入される方法論や思考法を教わるのも悪くはない。でも「考える」とは、もっと身近で日常的な行為だ。思考力を上げて、新しいものを生み出せるようになれば、毎日の生活がガラっと変わるだろう。自分で理解し、考え、行動して、そこから学ぶ能力を磨いてほしい。考え方が身に付けば、会議も資料作りもまた、一段レベルが上がるだろう。

本書を読んで質問があれば、henkakuya@ctp.comまで遠慮なく送ってほしい。全て目を通して返信するつもりだ。考え方の教科書を読んだのだから、問いがたくさん出てくるはずだ。

「実際にこんな変化があった！」という戦果報告もうれしい。本書の感想も大歓迎だ。葵が体験したことは全て、私自身が体験したことでもある。考え方を身に付けることで世界が変わることを、私自身が体験してきた。

きっと葵は、次々と世の中を変えていくだろう。家族や周囲の人たちに良い影響を与えていくだろう。

葵の次は、あなたの番だ。人の本来の能力である「考える力」を取り戻してほしい。そして葵のように、世界が変わる体験を味わってもらいたい。みなさんの健闘を祈る。

二〇二三年四月　榊巻 亮

榊巻 亮（さかまき・りょう）
ケンブリッジ・テクノロジー・パートナーズ
代表取締役社長

大学卒業後、大和ハウス工業で設計業務に従事。同時に業務改善活動に携わり、改革をやり遂げる大変さ、現場を巻き込み納得感を引き出すことの大事さを痛感する。ケンブリッジ参画後は、コンサルタントとして金融・通信・運送など幅広い業界で変革プロジェクトに関わる。ファシリテーションを活かした納得感のあるプロジェクト推進を得意としている。ケンブリッジ自体の変革（営業、マーケティング、人事など）も牽引。「ノウハウフルオープン」のポリシーを持って、ブログやTwitter、YouTube、講演、ビジネス雑誌などでの情報発信を行っている。

一級建築士。主な著書に『世界で一番やさしい会議の教科書』『世界で一番やさしい資料作りの教科書』『抵抗勢力との向き合い方』（日経BP）など。

＊ケンブリッジ・テクノロジー・パートナーズは、企業変革のための新たなビジネスモデルの検討から、業務改革、そしてIT導入までファシリテートするコンサルティング会社。独自のプロジェクト方法論とカルチャーを競争力の源泉として、古河電気工業や住友生命保険などの優良企業から高く評価されている。

世界で一番やさしい
考え方の教科書

2023年4月17日　初版第1刷発行
2024年5月24日　初版第3刷発行

著　者　榊巻 亮
発行者　浅野 祐一
発　行　株式会社日経BP
発　売　株式会社日経BPマーケティング
〒105-8308　東京都港区虎ノ門4-3-12
装丁・制作　松川 直也（日経BPコンサルティング）
表紙・章扉イラスト　早川 直希
印刷・製本　大日本印刷株式会社

ISBN 978-4-296-20201-0